〈共働き・共育て〉世代の本音

新しいキャリア観が社会を変える

本道敦子　山谷真名　和田みゆき

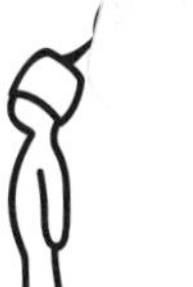

光文社新書

まえがき：ミレニアル世代の共働きと共育て

朝の通勤時間帯、子どもを電動自転車にのせて、保育園に向かうお父さんたちを見かけることが多くなった。「イクメン」という言葉が流行語大賞のトップ10に選ばれたのは２０１０年のことである。それから10年以上が経ち、お父さんの育児はようやく〝当たり前〟になりつつあるのだろうか。

その間、女性活躍推進法が２０１５年に成立。結婚・出産後も就業継続する女性の割合が高まってきた一方で、新たな課題も浮き彫りになっている。女性たちは就業継続こそできても、仕事と家庭の板挟みでキャリアが停滞し、思うように活躍できない場合が多いのだ。

現在の子育て世代、特にミレニアル世代と呼ばれる１９８０～２０００年前後生まれの人の多くは、その前の世代とは明らかに異なる子育て観・キャリア観を持っている。多くの女性が出産後もキャリアを継続したいと願っているし、多くの男性が積極的に子育てしたいと考えている。しかし、現実には、そうした願いを抱く女性たちが、思うようにキャリアを構築できていないし、男性の育児も思うように進んでいない。では、ミレニアル世代の女性たちの活躍を、そして男性たちの子育てを阻んでいるものは何だろう――。

そう考えた私たち21世紀職業財団は、働き方改革やダイバーシティ推進の研究の第一人者である佐藤博樹東京大学名誉教授を委員長に迎え、「子どものいるミレニアル世代夫婦のキャリア意識に関する調査研究～ともにキャリアを形成するために～」プロジェクト（以降、当該調査については〝財団ミレニアル世代夫婦調査〟とする）を２０２０年６月にスタートさせた。調査のねらいは、夫婦ともにキャリア志向を持ち、家事・育児を担いながら、キャリア形成できているカップルと、両者あるいは片方のキャリアが停滞してしまうカップルの違いや要因を探ることだ。

この調査研究ではまず、ともに総合職・基幹職の夫婦33組と、女性１名の合計67人のインタビュー調査を実施した。その結果から仮説を立て、Ｗｅｂアンケート調査で量的な検証を行い分析した。Ｗｅｂアンケート調査の対象者は夫婦とも正社員・正職員の４１０６人である（２０２０年８月実施／従業員31人以上の企業に勤務／ミレニアル世代：１９８０～１９９５生まれ／同居している子どもがいる人／高卒以上）。２０２２年２月に全ての調査結果をまとめ、報告書[1]を発表した。

本書は、この調査研究のインタビュー調査を主として、アンケート調査結果も示しながらまとめたものである。67人のインタビューでは、夫婦それぞれがキャリアを形成するための経験や工夫、苦労や失敗について本音で語られており、非常に多くの示唆が得られた。しかし、2022年に発表した調査研究報告書は企業や研究者向けのもので、主に「課題」抽出と方策提案が中心であった。そのため、実際のインタビューから得られた、個人として、また夫婦として、「お手本となるような考え方や工夫」を紹介することができなかった。

しかし、それらはまさしく「新しい世代のキャリア観や夫婦像」を感じられるものであり、この生の声を多くの人に伝えるべきだという思いが、本書の執筆につながった。よって、本書ではミレニアル世代の特徴についても改めて考察を加えており、ミレニアル世代の部下をお持ちの管理職の方、企業の人事やダイバーシティ推進担当の方、働く男女や就職を控えた学生の方々にとって、すぐに役立つものであると確信する。

多様性が尊重される現代において、キャリアの考え方も様々である。本書においては、現状、ハードルが高いといわざるを得ない「女性が」「日本で」「キャリアアップ（昇進・昇格だけでなく、仕事の幅を広げることも含む）」を目指すための方策を追究している。これは、多様な選択肢があるように見える現在においても、実際にはあまりにハードルが高い選択肢を「普通」に選べるものにするために、個人や企業ができることを明確にすることが、本書の目的であるからだ。よって、キャリアアップ以外の選択肢を否定するものでは決してない。また、本書では便宜上、妻・夫という言葉を使用しているが、これは事実婚や同性婚といった婚姻の多様性を否定しておらず、パートナーがいない人の生き方を否定するものでもない。

本書の構成と使い方

両立制度は整っているのに、組織風土や社員のマインドが停滞し、せっかくの制度が活用されていないのが日本の現状である。第1章では「子育てしながら夫婦で働くということ」と題し、子育てしながら夫婦とも正規雇用として働く人たちを取り巻く環境をまとめている。

第2章からは、実際のインタビューを引用する。まず「夫の場合」として「男性のプライベートロス」についてまとめた。自分たちの父親世代とは異なる家族観や仕事観を持つミレニアル世代の男性たちの、子育てしながらキャリアを形成するための奮闘を紹介する。第3章は「妻の場合」として「女性のキャリアロス」についてまとめる。この章は、女性が就業継続はできても出産や育児を機にキャリアが停滞してしまう、いわゆる「マミートラック」に陥ってキャリアロスする事態を防ぐポイントが中心である。

第4章は、「夫婦の場合：男女ともにキャリアを形成するために」と題し、夫婦で協力して、仕事と家庭を両立するための工夫や秘訣を紹介する。家族の幸せのためには夫婦というチームで取り組むことの重要性がおわかりいただけるはずである。第5章は、「企業の場合：マネジメント層の意識を刷新せよ！」。前述したように、家庭や社会に大きな影響を及ぼしている企業に対し、子育てしながら夫婦でキャリアを形成できる環境をどう整え、支援するのがよいか、またなぜその必要があるのかについての提言をする。

本書を手に取ってくださったあなたが夫の家事・育児の協力が得られずに困っている女性であれば、夫に第2章〝夫編〟を読んでもらうのがよいだろう。夫婦でどのように仕事と育児の両立を図っていくかに悩んでいる人たちは、第4章〝夫婦編〟を参考に実践してほしい。

あなたが企業の人事やＤＥＩ（Diversity＝多様性、Equity＝公平性、Inclusion＝包括性）推進の担当者であれば、自社の制度が現場の実情に本当に寄り添っているのかどうか点検してほしい。「女性のキャリア意識の低さ」が悩みの種となっているならば、本書でその一因を理解してほしい。そしてぜひ、本書を管理職の方々に薦めてほしい。

あなたが管理職であれば、若い部下たちがどのような思いで仕事をしているのか、本書を通じて知ってほしい。管理職世代と、ミレニアル世代の家族観・仕事観は驚くほど違っており、仕事と家庭を両立しようと奮闘しているミレニアル世代に対する管理職の無理解が大きな問題となっている。これからの企業、ひいては日本を支えていく若手が、企業人として、さらには家庭人としても納得いく人生を送れるよう応援してほしい。

本書で紹介する事例は、いずれもお金も時間もかけずにできることばかりである。実行するのに会社の決裁も必要ないし、誰も損はしない。

本章に入る前に、筆者たちが所属する21世紀職業財団について、少し紹介しておきたい。1986年に設立された当財団は、DEI推進とハラスメント防止を軸に、企業向け研修、調査、コンサルティング、会員制フォーラム等を行う公益財団法人である。本書で紹介する「財団ミレニアル世代夫婦調査」に代表されるような公益に資する調査研究も行っている。

当財団の理念は「あらゆる人がその能力を十分に発揮しながら、健やかに働ける環境を実現する」ことである。ゆえに、「共働き」のみならず、夫婦がチームとなって子育てする「共育て」を志向するミレニアル世代の新しいキャリアも、当たり前に選べる選択肢のひとつになってほしい。本書がその一助となるならば、これに勝る喜びはない。

1　https://www.jiwe.or.jp/research-report/2022

〈共働き・共育て〉世代の本音

新しいキャリア観が社会を変える

目次

第1章

子育てしながら夫婦で働くということ——17

第2章

夫の場合
男性のプライベートロス――37

第3章 妻の場合 女性のキャリアロス――85

第4章

夫婦の場合　男女ともにキャリアを形成するために——145

第5章

企業の場合

マネジメント層の意識を刷新せよ！――197

章扉・目次デザイン／熊谷智子
図版製作／キンダイ

第1章

子育てしながら夫婦で働くということ

1 「共働き」は増えたけれど

夫婦共働きが当たり前、といわれて久しい。最新の労働力調査では、妻が64歳以下の共働き世帯は１１９１万世帯に上っており、専業主婦世帯４３０万世帯の倍以上となっている[1]。第16回出生動向基本調査によると、第一子妊娠前に正規の職員だった妻が就業継続した割合は約75％[2]と、７割を超えた。女性の育児休業の取得のしやすさは改善され、出産で退職する人は減少したと言える。

しかし、「共働き」といっても、その内訳は様々な就業形態の夫婦の組み合わせである。**図１‐１**にあるように、「子どものいる共働き世帯」で、「夫が役員・正社員」世帯を１００とした場合、「妻が正規職員・従業員」世帯の割合は37・５％、「妻が非正規職員・従業員」世帯の割合は55・７％である。

女性の中には、仕事よりも家庭に多くの時間を使いたい、と思う人もいるだろう。日本では正規の社員であると長時間労働になることが多いので、非正規の方が、働く時間を調整しやすい等のメリットがある。また、専業主婦を希望して出産退職する人もいる。一方、これまで積み上げてきたキャリアを中断しなければならないことを不本意に思っている女性もい

図１－１　夫が正社員の共働き世帯の妻の雇用形態（子どものいる世帯）

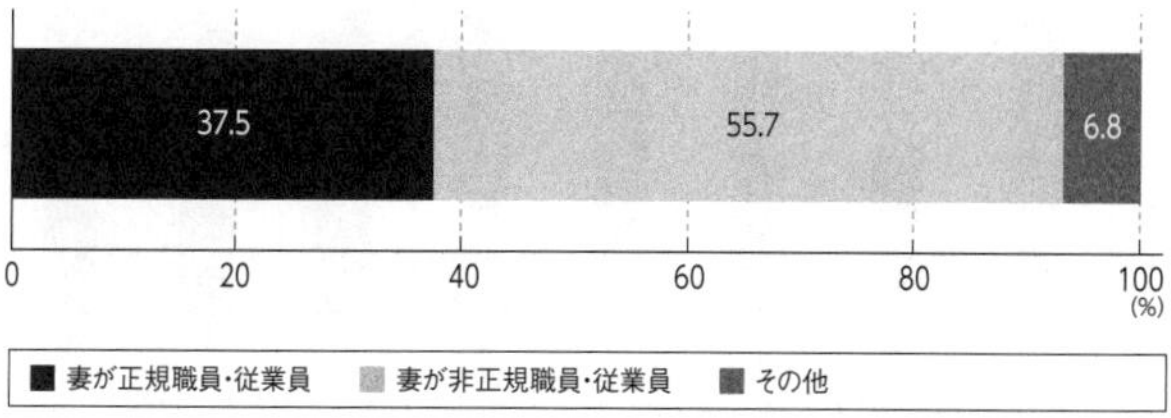

出所／令和４年総務省統計局「就業構造基本調査」から算出　※夫は役員含む

るだろう。

女性がキャリアを中断せざるを得ない大きな理由の一つとして、日本における夫婦の家事・育児の非常に偏《かたよ》った分担状況がある。

社会生活基本調査（**図１－２**）にあるように、日本では妻の就業形態にかかわらず、家庭内での家事・育児負担が極端に女性に偏っており、男性はほぼ仕事しかしていない。つまり、夫婦ともにフルタイム勤務の会社員であろうが、妻がパートタイム勤務の非正規職員であろうが、妻が専業主婦であろうが、家事・育児を主に担うのは女性なのである。

これでは、いくら会社側が両立支援の制度を整えても、女性は家庭での負担が大きすぎて、就業を継続するのが難しくなったり、非正規の職員・従業員でも家事・育児で手一杯ということになったりする。

図１－２　平日の生活時間

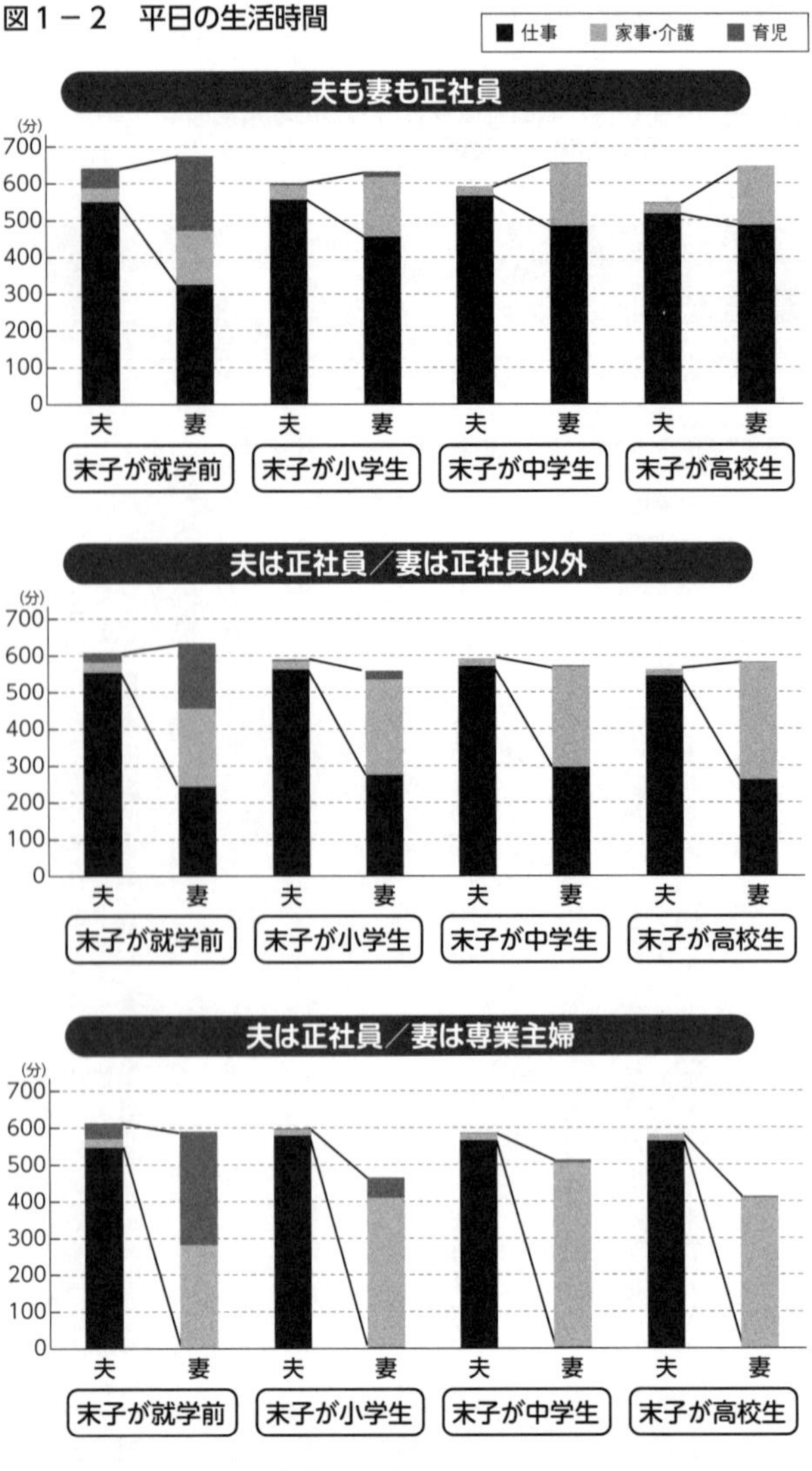

出所／令和３年総務省統計局「社会生活基本調査」
※家事・介護には買い物も含まれる

2　正規雇用夫婦は「勝ち組」？

子どものいるミレニアル世代夫婦の就業状況を図1‐3に示した。就業構造基本調査によると、夫が雇用されている場合、妻が正規の職員・従業員の割合は、最大でも30～34歳の約4割にとどまる。ミレニアル世代においても妻が正規の職員・従業員の夫婦は多くない。日本では就業継続するだけでも大変な状況であるため、子育てしながら夫婦とも正規雇用で働いている人たちに対しては、「勝ち組」という言葉が浮かびそうだ。

だが、本当にそうだろうか。夫婦とも正規雇用で働く人たちを対象にした財団ミレニアル世代夫婦調査には、多くの悩みが寄せられた。以下、Ｗｅｂアンケートの自由記述から抜粋する。

「夫婦2人とも仕事で活躍したいが、現在の働き方、職場の環境、実家との物理的距離を考えると、正直満足に育児ができないと思う。子どもの教育等を考えると、どちらかが仕事をセーブしないと厳しいと感じる。そうなると年収の低い自分がセーブするしかない。子どもが生まれる前よりは、仕事をして稼いでキャリアアップしたいという意欲

も落ちている」（女性・製造業・末子0歳・総合職）

正規雇用で就業継続できている場合も、自ら仕事への意欲を押し込め、十分な能力を発揮できない（あえて発揮しない）という状況がある。

産休・育休を経て復職する女性のために両立支援体制を整えたり、施策を講じているのに、結局辞めてしまったり、家庭ばかりを優先させて仕事が疎《おろそ》かになっているように見える女性たちに対して、「キャリア意識が低い」と頭を抱えている企業も多いかもしれないが、本人たちは必ずしも望んでそうしているのではない。

「（夫婦）2人ともが活躍すると、子どもと触れ合う機会が減る。かといって、子どもと触れ合う時間、育児等を増やすと、仕事に影響が出る。仕事か子ども、どっちかを絶対に選ばないといけないのではないかと思っている」（男性・製造業・末子1歳）

「子どもを作る以上、何かを犠牲にする必要がある。社会の側が未だ育児に理解がなく不利益な扱いを受けることも多い中、双方のキャリアを上げることはまず無理。どちら

図１－３　夫が雇用者の場合の妻の年齢別就業状態
（夫婦と子ども世帯）

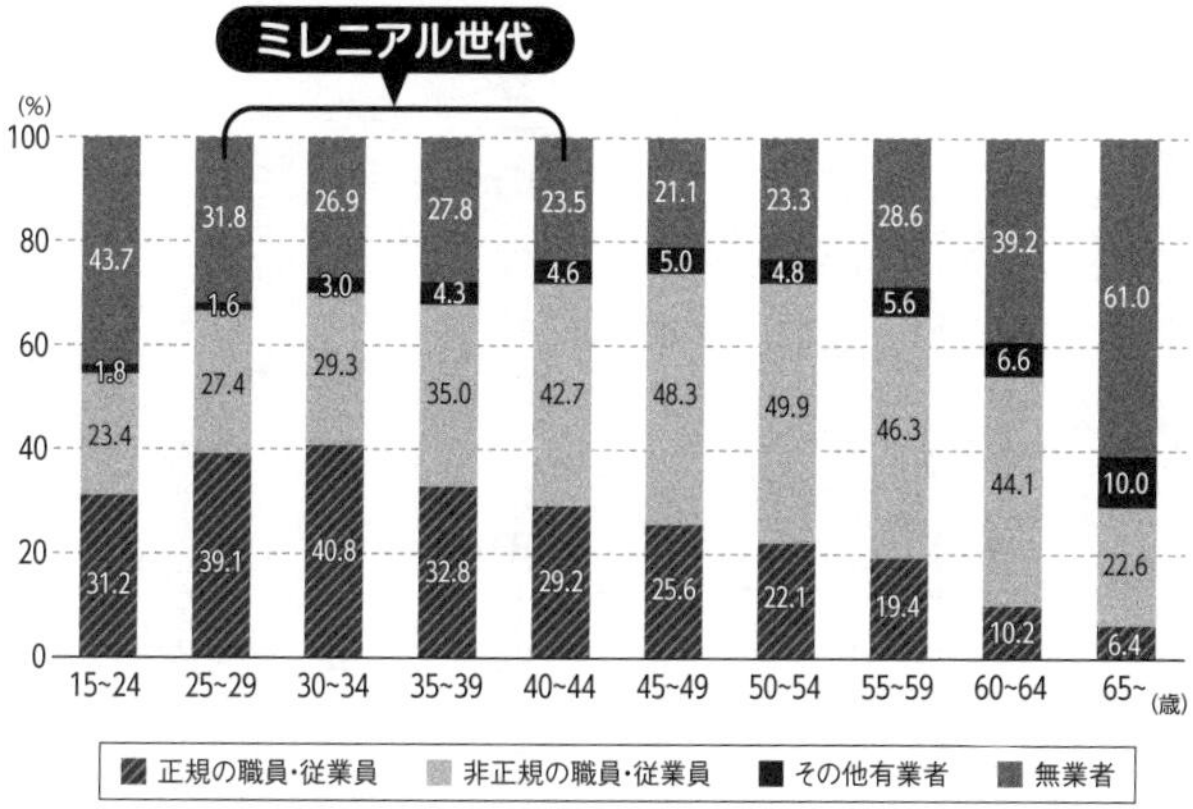

出所／令和４年総務省統計局「就業構造基本調査」

かが諦める必要があり、経済的に利益が得られる選択を、望まずともせざるを得ない」（男性・公務・末子０歳）

「子どもを作る以上、何かを犠牲にする必要がある」……夫婦ともに働いている人たちにとって、幸せとはいったいどういうことなのだろうかと考えさせられるコメントである。

夫婦がそれぞれ「仕事か家庭」のいずれかを選択しなければならず、「妻か夫のキャリア」のいずれかを犠牲にしなければならない、という中で本当に〝幸せ〟な生活が得られるものなのだろうか。

キャリアと子ども、どちらか一方は諦めなければいけない。妻か夫、どちらかが犠牲にならなければ、生活が成り立たない――。共働きカップルが直面する現状は、社会の欠陥に他ならないだろう。

本来なら、誰でも自分の望む幸福な生活――仕事においても、家庭においても――が叶えられるべきではないか。そしてそれを叶えられた人が「勝ち組」になるのではなく、「普通のこと」になる社会を目指すべきだ。

3 世界一の育休制度を活用しない日本男性

2021年にユニセフ（国際連合児童基金）が発表した各国の保育政策や育児休業政策を評価し順位付けした「先進国の子育て支援の現状」（OECD、EU加盟国対象）において、日本の育児休業制度は41か国中1位だった。制度上、日本は父親の育児休業が世界で最も長く、父親と母親に認められた期間がほぼ同じ長さである唯一の国だ。

しかし、世界一の制度を持つ国でありながら、日本の男性の取得率は17・13％[3]と、近年伸長しているとはいえ、まだまだ低い。各国、制度や算出方法が異なるものの、ドイツでは2019年の父親の育休手当受給率は43・5％と過去最高を記録[4]した。アイスランドの男性の育児休業取得率は74％という統計[5]もある。アイスランドは、世界ジェンダーギャップ指数が14年連続1位[6]である。一方、日本は１４６か国中１２５位で、先進国の中では最低レベル、アジア諸国の中では中国や韓国、ＡＳＥＡＮ諸国より低い結果だった。

ここまで述べてきた通り、女性の両立支援制度は、以前に比べるとかなり整えられてきた。しかし、現状ではかろうじて就業を継続できるものの、家事育児負担が大きく、思うように活躍できない女性たちもいる。そのため、女性への家事・育児負担の偏りを減らし、社会での活躍を推進させる一助として、男性にもこの世界一の育児休業制度を活用させようと、様々な手立てが打たれている。

企業によっては、男性育児休業取得率の目標を１００％と設定し、まずは短期間からの取得を推奨、そこから徐々に期間を長くさせようと試みたり、一定期間有給化することで育児休業取得による収入減への不安に対応したりしている。

また、誰もが育児休業を取得しやすくするため、育児・介護休業法が改正されている。２０２２年４月から、企業（事業主）には制度の周知や個別の意向確認等が義務付けられた。10月からは２回に分割して育児休業を取得することが可能になった。また、育児休業とは別に、子の出生後８週間以内に４週間まで取得可能な「産後パパ育休」も創設された。２０２

3年4月からは、従業員数1千人超の企業に、育児休業等の取得の状況を年1回公表することも義務付けられた。

このように、周囲の掛け声は大きくなる一方だが、職場の当事者たちはどのように思っているのだろうか。2022年に行った「21世紀職業財団　ダイバーシティ&インクルージョン推進状況調査（以下財団D&I調査）」[7]において、将来的に子どもを持つ予定がある男性に、今後育児休業を取得したいと思うかどうか尋ねたところ、20代では83・2%、30代では77・4%、40代は67・8%の人が「取得したい」と回答した。いずれの年代でも多くの男性が育児休業取得を希望している。

同調査で、企業規模別に男性が育児休業を取得しやすいかどうかを調べた結果が**図1-4**である。301人～500人規模の企業では「短期間でも取得しにくい」が46・5%となっている。また1万1人以上の大企業においても、「短期間でも、長期間でも取得しやすい」という割合は27・8%にすぎない。その結果が、日本の男性の取得率17・13%である。

まだ男性の育児休業取得が当たり前になっていない、法改正の効果が出るのはこれからで過渡期だから仕方ない、という見方もあるかもしれないが、職場の環境や意識が変わらなければずっとこのままの状態が続くかもしれない。

図1－4　【男性（一般社員）】〈企業規模別〉育児休業の取得しやすさ

▶質問「あなたの職場では男性が育児休業を取得しやすいですか」に対する回答を集計

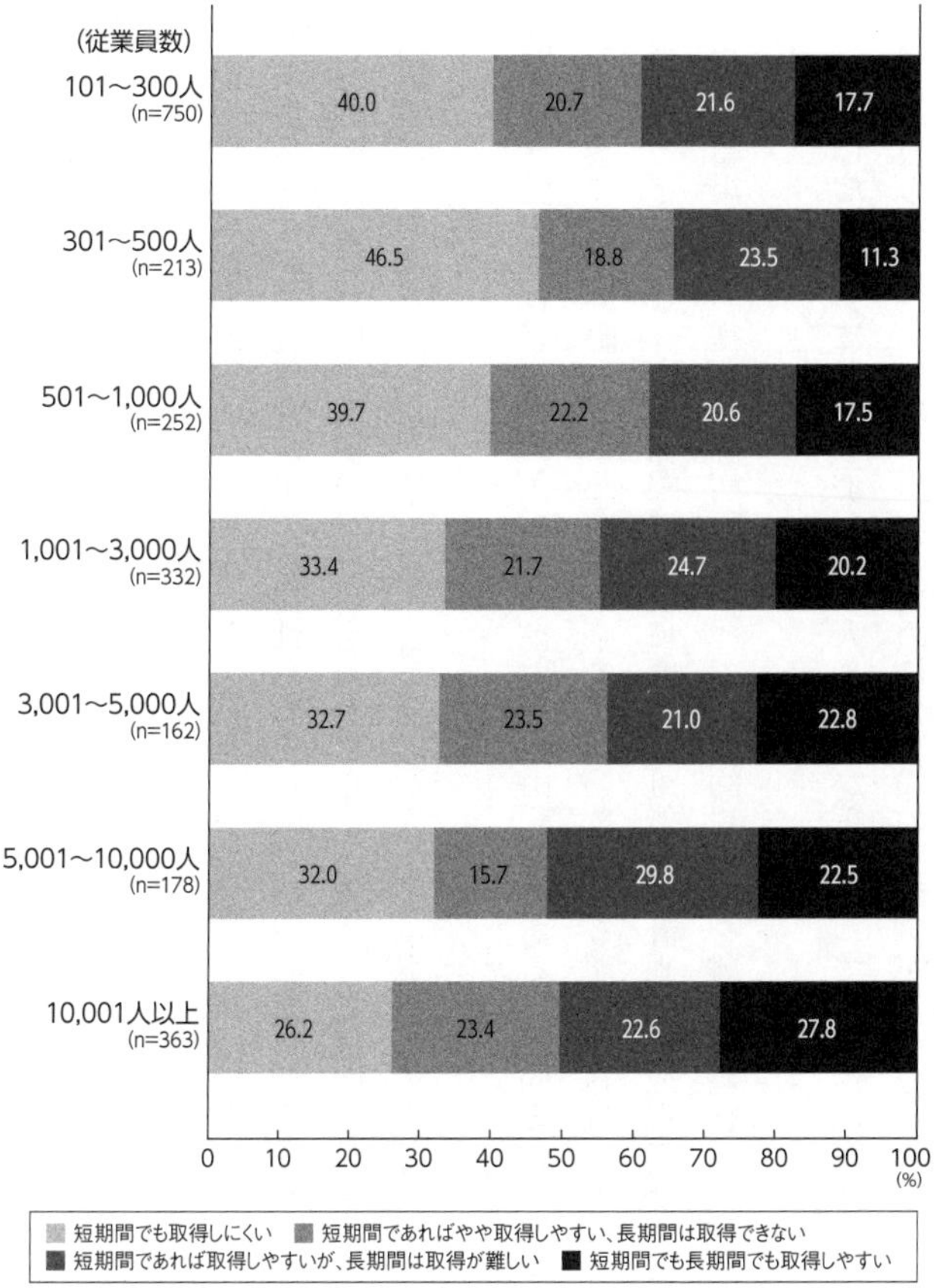

出所／21世紀職業財団「ダイバーシティ＆インクルージョン推進状況調査」（2022年）

4　職場の風土が変わらない！

「現在、育児休暇の取得が国の取り組みとして推進されているが、大企業でない限り、まだ企業の余力がない。現在の職場では男性が育児休暇を取得した事例もなく、取得できるような雰囲気ではない。同様の状況にもかかわらず、妻に育児休暇と職場のキャリアに負担をかけ、心苦しい」（男性・電気、ガス、熱供給、水道業・末子0歳）

右の回答は、ある男性がＷｅｂアンケートに書いた自由記述である（財団ミレニアル世代夫婦調査）。「大企業ではない限り、まだ企業の余力がない」という記述からは、人員不足等の状況が推察される。しかし、育児休業は事前に準備が可能で、計画的に取得できるものである。そういった職場では、従業員が病気になって一時的に職場を離れる場合、どう乗り切るのだろうか。

また、3で紹介したデータにもあるように、大企業だからといって、男性が育児休業を取得できているとは限らない。女性は、出産のために、職場の雰囲気がどうであれ、休まざるを得ない（どうしても休めない人は退職した）。一方、男性は、出産するわけではないので、職場に軋轢《あつれき》を生じさせてまで育児休業を取りたくない、という気持ちもあるかもしれない。

「現在は妻に負担が大きく傾いてしまっている。仕事も遅くなることが多く、会社の仕組みで残業が当たり前になっている」（男性・製造業・末子１歳）

「子どもがいるからといって残業がなくなるわけではないので、男性が家事や育児をするためのハードルが高い」（男性・情報通信業・末子３歳）

「会社が仕事配分の要望を聞くのではなく、配慮して減らしてほしい。こちらからは言いづらい」（男性・公務・末子２歳）

「定時で帰ることに対する抵抗がある雰囲気を変えたい」（男性・公務・末子４～６歳）

残念ながら、「残業が当たり前になっている」職場や、「定時帰りへの抵抗感」のある職場は、まだ多くあるだろう。財団D＆I調査の「あなたの職場では長時間仕事をする人が高く評価されると思いますか」という問いに対して、30代男性では47・5％の人が「そう思う」「ややそう思う」と回答している。

もちろん、時間をかけた方が仕上がりが良い仕事もある。また、実際に上司がそのように評価しているかどうかはわからない。しかし、いずれの理由においても、長時間働くことが肯定されている現状がある。逆にいえば、さっさと仕事を切り上げるのは、「仕事を疎かにしている」「やる気がない」と思われるリスクがある。子育てが理由で、仕事配分について要望することを躊躇《ちゅうちょ》させるような雰囲気も加わり、結局、夫は平日に家事・育児を担うことはできず、妻が家事・育児に時間を割くことになってしまう。長時間働くことを肯定する（否定できない）、職場風土がネックになっている。

しかし、わずかにでも「雰囲気を変えたい」と考えている男性が出現していることは注目に値する。この調査研究の対象としたミレニアル世代は１９８０年から１９９５年に生まれた人たちである。

ミレニアル世代は、中学校（１９９３年から）でも高等学校（１９９４年から）でも家庭科を男女共修で受けた、という背景を持っている。また、募集、採用、配置、昇進の女性差

図１－５　【男女】子どもが生まれる前の夫婦の役割についての考え

▶質問「未就学の子どもの育児における夫・妻の役割について、子どもが生まれる前、あなたはどのように考えていましたか」に対する回答を集計

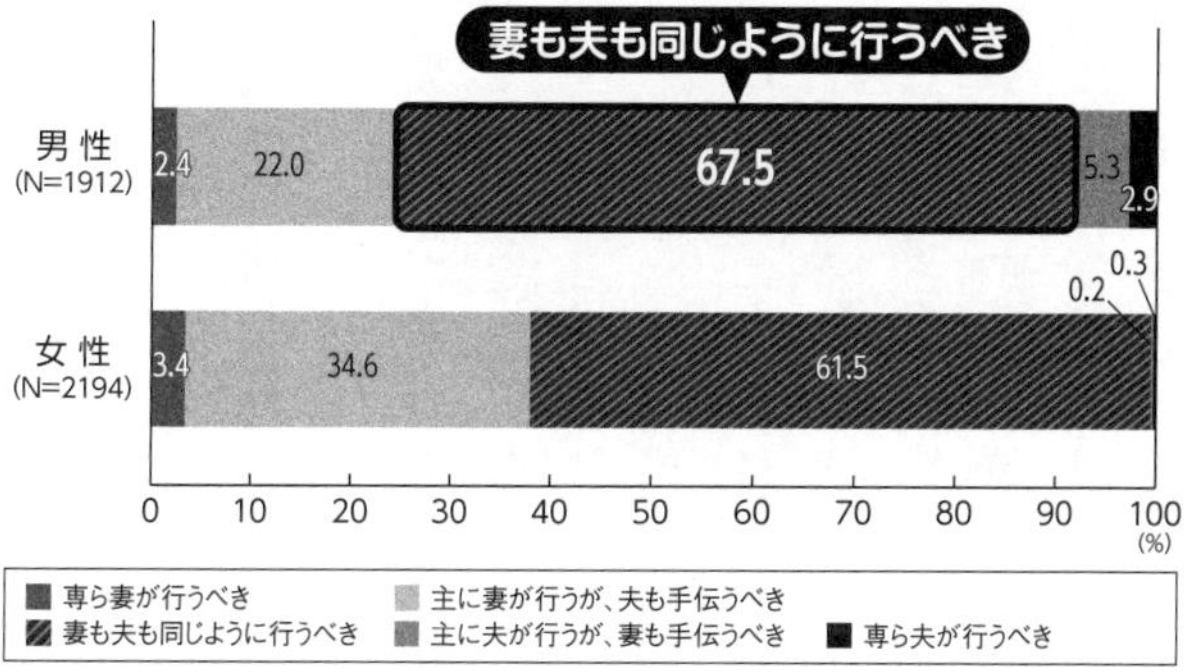

出所／21世紀職業財団「子どものいるミレニアル世代夫婦のキャリア意識に関する調査研究～ともにキャリアを形成するために～」（2022年）

別が禁止された１９９９年の男女雇用機会均等法の第１回目の改正後に就職している。上の世代と比べると、教育や法律における男女平等が進んだ環境で育っている。彼らが上の世代よりも、家事・育児は男女ともにやった方がよい、という考えを持つのは自然の流れであろう。

実際、ミレニアル世代を対象にしたアンケート調査でも、子どもが生まれる前の未就学児の子どもの育児における夫婦の役割についての考えは、「妻も夫も同じように行うべき」と回答した男性が67・5％に上っており、その割合は女性よりも高い（**図１－５**）。

上の世代よりも男女平等の意識を持ち、夫婦で子育てしたい、育児休業を取得したい、

と考えている人たちが、育児休業を取得するにあたっての職場の軋轢や、定時には帰りづらい雰囲気を乗り越えて、少しずつ行動し始めている。

5　妻のキャリアは夫の職場次第⁉

家事・育児の負担が大いに影響を及ぼしているこれらの問題は、夫婦の問題であり、それぞれの家庭で最適解を見つければよい、企業が関与することではない、という意見も聞かれる。しかし、例えば、男性の勤務先で長時間労働が常態化している場合は、夫が家事・育児を担うことは難しく、おのずと家庭の中の役割分担が固定化してしまう。企業の〝働かせ方〟や風土は、家庭にも大いに影響を与えているといえる。プライベートを犠牲にして働かせる企業に対して、社員はエンゲージメントを感じるだろうか。もっといい仕事をして貢献したい、と思えるだろうか。

家庭を持つこと、子どもを持つことが女性にとって、夫婦にとって、何らかの犠牲を伴うリスクなのであれば、少子化は好転しないだろう。また、主に家事・育児を担うために、女性が非正規で働くことが主流である状態が続けば、企業での管理的役割を担う女性は増えず、女性の管理職比率は世界から取り残されたままとなるだろう。企業内の多様性も進まない。

誰もが希望通りにキャリアを形成でき、自分らしく活躍できることが社会の活力の源泉である。これは、女性も正規雇用での就業継続をすべきだ、という狭い意味ではない。「まえがき」でも述べたように、女性の人生の選択肢は確実に増えている。専業主婦になる、出産を機にキャリアのペースを落とす、結婚を選ばない等々、すべての選択が尊重されなければならない。ただし、いずれの選択肢であっても「子どもを作る以上何かを犠牲にする必要がある」「家庭を持つことで（夫婦いずれかが、そして今は主に女性が）社会で自分の能力を思うように発揮できなくなる」という状況は、打破する必要がある。また、現在、最もハードルの高い選択肢となっている「それぞれがキャリアを自律的に考えて形成し、仕事においても家庭においても充実した生活を実現する夫婦」を、当たり前にしていく必要がある。

6 「デュアルキャリア・カップル」になるための手引き

本書では「それぞれがキャリアを自律的に考えて形成し、仕事においても家庭においても充実した生活を実現する夫婦」を「デュアルキャリア・カップル」[8]と称している。それぞれが自分の納得するキャリアを実現し、仕事と家庭の両方での充実を得ることを望んでいる人たちである。筆者たちは、このようなデュアルキャリア・カップルを目指している夫婦の体験談を手引きに、1組でも多くの夫婦が、デュアルキャリア・カップルを実現してほしいという思いで本書をまとめた。

今回のインタビューの回答者は、デュアルキャリア・カップルの事例を抽出するために、女性活躍推進を積極的に行っている企業に選出を依頼した。回答者の条件は、1980〜1995年前後に生まれたミレニアル世代、かつ企業の正社員である。回答者の内訳は、夫婦とも、もしくはいずれかが企業規模31人以上の企業に勤務している総合職・基幹職で、大卒以上の夫婦33組（31組は子どもあり）と、既婚女性（子どもあり）1名の合計67名である。インタビューは2020年8〜10月にかけて行った。新型コロナウィルスの影響により、在宅勤務を取り入れている企業が多く、オンライン会議も定着した時期であった。インタビューは夫婦別々に行い、パートナーのインタビュー内容は相手に一切、伝えていない。

本書においては、プライバシー保護のため、インタビュー対象者全員に仮名を付け、業種は非公開とし、職種を「技術系」「事務系」（インタビュー当時の職種）に分類した。子どもの有無はインタビュー当時のものである。また、パートナーの呼び方は回答者の言葉をそのまま掲載した。

インタビュー対象者は、それぞれの勤務先においては、夫婦それぞれのキャリアのために、自分たちで考え、働きかけ、努力している。また、時には夫婦で協力して、困難を乗り越えている。家庭においては、夫婦で話し合い、家事・育児に対する考え方が大きく変わった人たちもいる。

インタビュー事例はいわゆる大企業に勤める正規雇用同士の夫婦であり、恵まれた環境にいるともいえる。しかし一つ一つの事例をみると、とてつもないことをやってのけているわけではなく、少しの工夫や行動の積み重ねである。つまり、誰もがすぐに取り入れられる内容ばかりであることを、先にお伝えしておきたい。

第２章からはインタビューを中心に、具体的な事例を紹介していく。

1　２０２２年　総務省統計局「労働力調査（詳細集計）」、共働き世帯は夫婦ともに非農林業雇用者、専業主婦世帯は夫が非農林業雇用者で妻が非就業者（非労働力人口及び失業者）の世帯

2　２０２１年国立社会保障・人口問題研究所「第16回出生動向基本調査」図表９‐５「第１子妊娠前の就

業状況・従業上の地位・第1子出生年別にみた、第1子1歳時の従業上の地位および育児休業制度の利用の有無」の「妊娠前正規の職員」グラフより。正規の職員（育休あり）と正規の職員（育休なし）の合計値。

3 令和4年度厚生労働省「雇用均等基本調査」

4 2022年　JILPT　国別労働トピック「ドイツの父親の育休手当＝両親手当（2022年8月）」

5 2020年1月　内閣府『共同参画』「各国の男女共同参画の取組―各国大使館より―」

6 2023年世界経済フォーラム「Global Gender Gap Report 2023」

7 2022年6月（公財）21世紀職業財団「ダイバーシティ＆インクルージョン推進状況調査」、Webアンケート調査、11業種、従業員101人以上の企業に勤務する20～59歳の男女正社員（管理職以外の一般社員）4500名。

8 2020年2月号ダイヤモンド社『ハーバード・ビジネス・レビュー』ジェニファー・ペトリグリエリ「デュアルキャリア・カップルが幸せになる法」。ペトリグリエリは〝デュアルキャリア・カップル〟を、「2人がともに高学歴で、専門職か管理職という大変な仕事にフルタイムで就き、上昇志向が強い」としている。本書での定義は、それよりも広い範囲にしている。

第2章

夫の場合

男性のプライベートロス

デュアルキャリア・カップルを実現しようとするミレニアル世代の男性とは、どんな人たちなのであろうか。

インタビューでは、多くの男性が「自分の小さい頃、父親は仕事中心の生活で、平日はほぼ家にいなかった」と語っていた。彼らの父親は、育児や育児にまつわる人生経験を、仕事のために諦める世代だった。私たちはこの状態を夫の「プライベートロス」と名付けた。妻に家事・育児負担が偏り、キャリアが中断される妻の「キャリアロス」とは対照的な状態だ。

この章では、上の世代と異なる意識を持ち、「プライベートロス」しないために、職場の軋轢を乗り越えて少しずつ行動し始めているミレニアル世代の男性たちの葛藤や奮闘ぶりを紹介したい。家事・育児を担っている男性はもとより、その一歩が踏み出せない人も勇気とヒントを得られるはずだ。

1　プライベートロスはいやだ

まず最初に「プライベートロス」したくない、という気持ちの根底にある子育て観、家族観を探ってみたい。男女平等の教育を受けたからといって、必ずしも全ての男性が子育てししたい、と思うとは限らない。どういう気持ちで「プライベートロスはいやだ」と思い、行動しているのだろうか。

「理想の父親像」に近づくために

加藤さん（男性・事務系・子どもあり）は、自分がチャレンジしていける職場を求めてキャリアを構築していくタイプだ。

第一子が生まれた時は、ちょうど転職後だったこともあり、激務だった。育休は取得できなかったが、仕事をできる限り調整して有休を取るなどし、積極的に子育てしていた。

「もともと保育園への送り迎えは自分でやりたいと思っていました。実際には朝送っていたのですが、子どもが保育園に行きたがらない時期がありました。保育園になじめず、父親の自分だとうまく送り出しが出来なくて、結局、奥さん任せになることが多かったです。朝は自分が毎日送り、迎えは週に1日と決めていましたが、ほとんど奥さんがやっていたかなと思います」

それまで考えていた育児と現実とのギャップを感じた日々だった。当時の心境をこう振り返っている。

「第一子を育てる中で、子どもと関わる時間のシェアを上げない限りは子どもからの信頼は得られない、手をかけないと好かれないと思うようになりました。第二子が生まれた時は、手をかけることが家族にとっても効率的だし、子どもにも好かれるし、だから育児も自分の中に組み込もうと思いました。パパの視点として自分で気づいたのです。第一子の育児を経て、過度に子どもに好かれようと考えることはやめたら、第二子は楽になりました」

加藤さんは第二子をもうけた後、「プライベートロス」に陥らないように、仕事への向き合い方も変えていった。

「それまでは、資料の品質やアウトプットを良くすることに、時間を無限に使っていました。当時は、タスクリストの優先順位付けに長《た》けていなかったのです。今は、朝はフルで自分が保育園に送り、週2回はお迎えをしています。部下はきっと〝突然いなくなる人〟という認識なんじゃないでしょうか。職場では、こういう人なんだな、と思わせることが大事だと思っています。上司としても、業務に100％のコミットはできないということを認識したうえで、仕事をコントロールしないといけないと感じました」

加藤さんは、職場での軋轢を覚悟しながら自分なりの育児スタイルを確立してきた先駆的存在である。子育てのモチベーションは、かわいい子どもたちが妻の方を頼りにする姿を目の当たりにした、さみしさであったかもしれない。しかし、子どもたちの信頼を得るためには、子育ての時間を増やすしかない、という結論に達して実践するところが、ミレニアル世代の「脱プライベートロス」のやり方なのだ。

「家族優先」を職場環境が後押し

職場環境や周囲の理解は男性の育児に大きな影響を与える。佐々木さん（男性・事務系・子どもあり）は、インタビュー当時は妻が育休中だったが、復帰後は自分も働く時間を削って育児に充てたいと考えている。

「父親が忙しいと、子どもが父親に対して人見知りするという話も聞きました。個人的には、なるべく子どもと一緒に過ごしたいと思っています。海外だと入学式に父親が休みを取るのが当たり前と聞き、そういう関わり方もいいなと思っています。特に子どもが生まれてからはずっと一緒にいてあげたいという思いが一層強くなったので、少なくとも子どもに関するイベントは全部行きたいです」

佐々木さんの育児に対する熱い思いが見て取れる。

「自分の今の職場は、不測の事態が起こりにくいので、業務の見通しが立てやすく、定時で帰ることも可能です。周りに小さい子がいる人もいて、子どもがけがをしたので早退するなど、皆さん普通にやっています。上司も小学生の子どもがいて『小さいうちは大変だから』と言ってくれますし、子育てをするために業務時間の調整も言い出しやすい環境です。会社の制度としても男性側の育児休暇の制度も推進されていて、この取得率が上司の評価に関わる仕組みもあります」

裁量権がある仕事に就いて、働き方の柔軟性があること、育児をしている同僚が周りにいること、上司も育児に対する理解があること、そして会社が制度として男性の育児を推奨していることなど、育児をしようとする男性にとってかなり恵まれた環境であることが、彼の前向きな姿勢を後押ししているのであろう。

また、上司は子どもがいて育児に対する理解があるだけでなく、海外勤務経験があることも大きな後押しの要因になっている。

「直属の上司は、長い間海外で働いていたので、家族のために時間を使うということには理解があります。むしろ、そうすべきと言うのです。そういう過ごし方の方がいいんだな、と学ぶことが多いです」

子どもの成長を間近で見守りたいと思う父親の思いは万国共通であろうが、日本の会社で働く男性にとっては、家族を優先させる働き方を実現させているロールモデルの存在はとても大きいようだ。かつての父親たちは、陰で家族を支える存在であったが、佐々木さんは子どもと関わりを持ち続けたいと考えている。家族のために時間を使うことは、自分や家族の人生にとって必要なことだ、という思いがあるのだ。

2 パイオニアたちの奮闘〜職場編

ここまで、プライベートロスをしたくない男性の思いを実現させるために、職場の環境が重要であることの一端を見てきた。ここからは職場の働き方についてもう少し掘り下げて紹介していきたい。**図2-1**は、男性の残業時間と家事・育児時間を表したものである。

男性の職場での残業時間が長いほど、家事・育児時間が取れず、ほぼ定時に業務を終えている人は、より長い時間を家事・育児に充てているというものだ。育児と職場の働き方は切っても切れないものだということが、一目瞭然である。

ここからは、自ら意識的に働き方を変え、早く帰ろうと努力する男性たちの話を紹介していく。個人の努力で働き方を変えたケースを取り上げているが、いずれの場合も職場の雰囲気や上司の理解が前提となっている。

図2－1　【男性】〈現在の働き方別〉家事・育児時間（育休中を除く）

▶質問「現在のあなたと配偶者の仕事がある日の家事・育児時間はどのくらいですか。（あなた）」に対する回答を集計

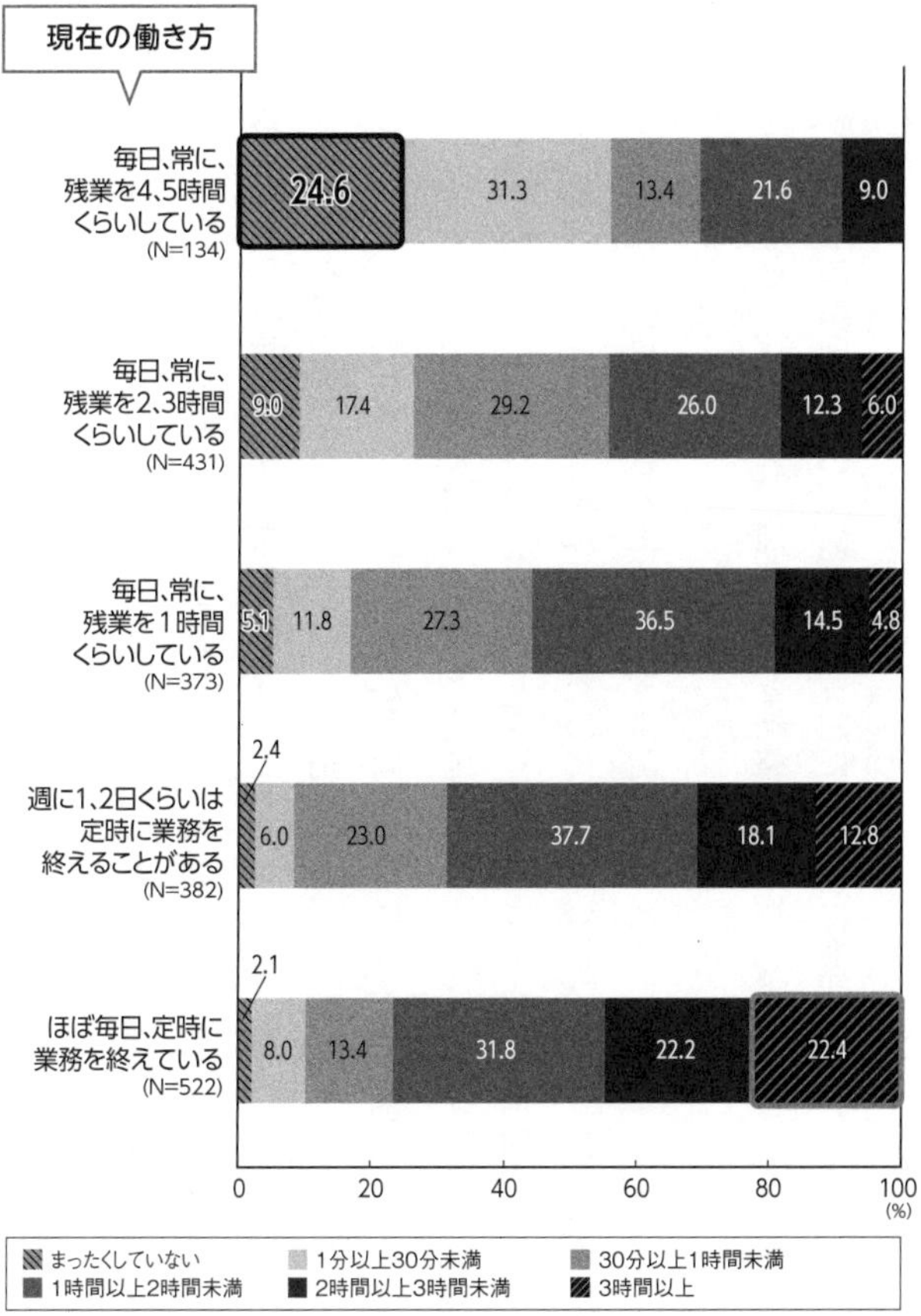

出所／21世紀職業財団「子どものいるミレニアル世代夫婦のキャリア意識に関する調査研究～ともにキャリアを形成するために～」（2022年）

育児フレックス制度を戦略的に使う

「育児をしたいが、仕事量が変わらないから早く帰れない」という人は多いであろう。これから紹介する石田さん（男性・技術系・子どもあり）は、会社のフレックス制度を使って、育児のできる環境を自ら作り出した男性である。

石田さんは、社内異動を繰り返しながら街づくりに関する大きなプロジェクトを任され、妻の育休中も深夜のタクシー帰りをしていた。しかし同じく残業の多い職種の妻の育休が終わると同時に、週の半分は育児のために早く帰ることを決心した。そのため石田さんは普段の働き方を見直すことに注力し、「自分は育児をしている人」と公言して周囲の理解を得る戦略を立てた。その手段として石田さんは育児のために使える育児フレックス制度を申請し、職場の理解を得たのである。育児中心の生活をこう説明してくれた。

「保育園の送りは妻と一緒に行き、迎えも妻と調整して、週の半分は行っていました。会社を定時の5時半に出て、急いで帰れば保育園にも学童にも間に合います。迎えに行って、ご飯を作って、食べさせて、寝かせてというのは苦ではないです」

定時で帰ることができるようになったので、結局、フレックス制度で勤務時間をずらすことはしなかったという。制度を戦略的に使った事例である。しかし、それまで残業をして終わらせていた仕事は、そのまま残っている。どうやって仕事をこなしていたのであろうか。

「仕事が終わらないので、資料などを家に持ち帰ってやっていました。最初は、子どもが寝てからやっていましたが、親が仕事のことを考えて気が立っていると、子どもがなかなか寝てくれなかったりもします。それで、思い切って子どもと一緒に寝て、朝型に切り替えることにしたのです。夜9時に寝ると、7時間寝ても、朝4時に起きられます。子どもたちが起きる朝6時までの時間でバランスを取っています。その朝の時間は、仕事をすることが多いですが、仕事が終わった時には走りに行ったりして、自分の時間にしています。それに、気兼ねなく晩酌できることも、私にはうれしかったです」

働き方を変えて、時間の使い方も変わったようだ。そして、子どもが出来たことで、仕事に対する視点も変わったと話してくれた。

「子どもがいる立場で、街づくりを考えることができるようになりました。いろんな目線で街を見るのが大事です。子どもといる時間が、仕事に役に立たない時間ではないのです」

働き方を大きく変えたばかりか、仕事の上でも大事な気づきを得たようだ。

子ども中心の生活にシフトチェンジ

次に、子ども中心の生活に大きくシフトチェンジをした福田さん（男性・技術系・子どもあり）を紹介しよう。職場結婚で妻は研究職。福田さんも、職場で大所帯の責任者としてバリバリ働いていたころに子どもが出来た。それまでは残業も多い仕事で有休も使ったことはなかった。

「子どもが生まれてから、残業は減りました。どうしてもやらないといけない時は残業をしますが、働き方が変わったと思います。保育園から連絡が来たり、（子どもが）熱を出したりしたら、すぐに帰っていました。子どものことが心配で、完全に子ども中心になっていました」

夫婦ともに通勤の便が良く、保育園に入りやすい地区に引っ越しもした。授乳や離乳食作り以外は何でもやった。

「第一子の時は人に任せるのが不安で不安でしょうがなかったので、極力自分が休んでいました。看護休暇が年間15日取れるので、それを使って、病院に連れて行ったり、半日休んだりしていました。お客さんとの打ち合わせは外せませんが、それ以外は、午前中休んだ分は夜やって取り返していました。今やっている仕事は特に裁量があるので、保育園の行事があれば休みにすることもできますし、いかようにもできます」

ある程度のポジションにつき、裁量権もあることが、働き方を主体的に変えられた要因であろう。妻が職場復帰すると、夫婦でより機動的に育児に臨んだ。

「自分の方が締め切り間際だと、終電で帰ることがありますが、早く帰る時は、逆に奥さんが残業をします。自分が出張で朝早い時は、奥さんが保育園の送りを担当。臨機応変に対応していました。出張のスケジュールも相談して決めていました」

夫婦のコミュニケーションをしっかり取って、夫婦ともに育児にあたっていたことがわかる。妻のキャリアについても、こう言及している。

「奥さんは研究職なので、ある程度残業できないとつきつめられないことがあります。自分が帰れる時はなるべく早く帰って子どもたちの世話をして、奥さんは週の何日間かは9時とか10時くらいまで残業できるようにすることが必要かと思っています。データを検証したり、考える時間が必要なのです。定時までは打ち合わせなどが多くて、考える時間は、定時以降になりがちですが、研究職だとそういうのが通常だと思います」

子ども中心の働き方に変わっただけではなく、妻のキャリアにも思いが及んでいるところが印象的だ。さらにこう付け加えた。

「在宅などの働き方ができると、２人でキャリアを高めていくことと子育てを両立させるのが、やりやすい社会になってくると思います。コロナ禍による外部的な変化があったことで、リモートワークなどを実現するきっかけになっていると思います」

子育ても夫婦のキャリアも、どちらも諦めないという福田さんは、ミレニアル世代の一つの夫婦像を表していると言えるだろう。

15時半に退社する夫

次は、残業を全くしなくなった中村さん（男性・技術系・子どもあり）の話である。企業の中には、残業を良しとしない風土が作り上げられているところもある。中村さんの会社はまさにそういう会社だ。中村さん自身も、もともと残業が多い方ではなかったが、子どもが生まれてからは全く残業をしなくなった。

「子どもが生まれてからは、残業なしで回していこうと思うようになりました。残業すると家庭が回らなくなってしまうので、その辺の仕事のやりくりの仕方が変わったと思います。今はフレックス制度を使って、自分が迎えに行っています。15時半に会社を出て17時ぐらいに保育園に迎えに行き、帰って18時前にお風呂に入れます。18時半からご飯を食べて、19時すぎには子どもたちは寝ます。夕飯を作るのは妻。食器洗いや洗濯は自分がします。一番効率の良い動き方がこれなので、なんとなく決まりました。妻は在宅（勤務）なので、この方がやりやすいという感じになったのです。朝は5時に起き、自分で朝ご飯を作って出勤します」

早く帰宅し、子どもたちが寝るまでの家事・育児を夫婦で分担している。定時帰りだけでなく、フレックス制度でさらに子育てがしやすい環境になっているようだ。

次に、定時帰りについて、少し特殊な体験をした男性を紹介したい。

海外勤務経験で価値観が一変

林さん（男性・技術系・子どもあり）は、海外勤務で外国人と一緒に働いた経験を持っている。そこでの働き方が、現在の働き方に影響を与えていると言う。

「海外勤務していた時、現地で働いている人は定時で帰りました。スパッと帰れるのは日本人と違うところかと思います。やり残した仕事があっても、トラブルがあっても帰るのです。無責任な感じも受けましたが、スパッと帰るというのは今の働き方に影響を与えていると思います。自分も、よっぽどのことがない限り、帰るようになりました」

それまでの林さんの職場は、若い人に割と大きな仕事を任せる風土があり、連日、深夜まで働いていた。しかし海外勤務となって考え方が大きく変わる。

「働き方の価値観がそこで変わりました。定時に帰るためには、どうすればよいかを考えるようになりました。よっぽどの仕事上のトラブルを除いて、帰宅直前に業務の依頼をせず、早めに依頼をするようになりました。十分な仕事の時間を考えて仕事を振っていくのが大事だと思います」

その上で、職場の雰囲気についてもこう指摘した。

「帰りやすい雰囲気作りも重要だと思いました。上の年代の人もいましたが、わいわいとしながら早く帰りたい人は早く帰れるという雰囲気を上司が作っていました」

ただし、仕事量と要員のバランスが保たれていないと定時帰りは難しいとくぎを刺す。働き方の価値観を変えるような出来事は日常的には起きにくいが、定時帰りを習慣化させる仕事の進め方や、上司による職場の雰囲気作りは、定時帰りを進めるヒントになるだろう。

橋本さん（男性・技術系・子どもあり）や井上さん（男性・事務系・子どもあり）は、職場の同僚や上司を巻き込んで働き方を変えていった人たちだ。

育児予定も職場と共有

橋本さん（男性・技術系・子どもあり）の職場は、男性が少なく、同世代の男性もいない環境だ。

「正直、会社に育児のことは言いにくい空気があります。そればかりは仕方ないと思って、なるべく会社の上司と周りの理解を得るために、子どもの予定がわかっている時は早めに伝えています。今の上司は理解のあるいい方で、保育園行事の時など行ってもいいよ、と言ってくれますが、自分もサブチームリーダーで管理する立場なので、言いにくい部分はあります」

橋本さんの職場のように、男性の育児が十分に浸透していない職場はまだまだ多いだろう。リーダー的な立場となれば、チームに迷惑をかけたくない、という本人の思いも重なり、肩身の狭い思いをしながら努力をしている姿が目に浮かぶ。このように、働き方を変えるのはたやすいことではないだろう。しかし、だからこそ、橋本さんのような周りの理解者を増やしていく努力は大切だと思われる。

仕事量を減らす

幼い子どもの育児をする男性の年齢は、部下を持ち始める年齢と重なってくることが多い。井上さん（男性・事務系・子どもあり）も、そのような時期にさしかかり、仕事と育児の両立に悩んだ一人だ。夫婦ともに同じ業界で働きながら、３人の子を育てる父親である。

「妻はやるべき仕事にルーティンがあって、午前中に終わらせなければならない仕事というのがあり、それが終われば早く帰れるという部署で働いています。午前中は絶対行かなければならない妻の部署と、午前中はいいが夜は呼び出される可能性がある僕の部署がうまくかみ合っている状態です」

仕事の拘束時間がずれているのが幸いして、育児を夫婦でなんとか回しているというパターンだ。しかし、3人目が生まれた30代後半は、とてもつらい時期だったと振り返る。マネジメント業務が増えてきた時期と重なったためだ。

「乳幼児3人を抱えながら、マネジメントをして自分の業務もしてというのはつらかったです。自分の仕事でいっぱいという感じでした。あなたは何歳だからマネジメント（業務をすべき）、という考え方が会社にはありましたが、当時の自分は『今は子育て優先、マネジメントまでは考えられない』という状況でした。それでも仕事が増えてきてしまったので、当時の上司に相談して、『自分は無理なので他の人にかえてください』

と言いました。上司からは『井上さんでなくてもできる仕事を洗い出してくれ』と言われ、いくつかの業務を手放しました。気持ち的に、手放すことができて良かったと思います」

現在の状況を上司に打ち明け、上司を巻き込んで状況を改善した事例である。育児をしながら働く男性社員が今後さらに増加することを考えると、企業側も女性社員だけでなく、男性社員にとっても両立のしやすい職場に変えていくことが必須事項になるであろう。経営層や管理職は、ぜひ自身の職場を再点検してほしい。そして自らが両立のしやすい職場の雰囲気を生み出すパイオニアになってほしいと切に願う。

リモートワークの恩恵

最後は、コロナ禍によって増えたリモートワークの恩恵を受けたという小川さん（男性・技術系・子どもあり）の話を紹介したい。もともと海外出張が多かったという小川さんにとって、リモートワークの一般化は大きかったようだ。

「リモートワークという働き方は、うまくやればすごくいい働き方だと思います。子どもはかわいいし、当然関わらなければいけないので、子育ては大事なことだと思っていますが、時間があったら、もっと仕事がしたいです。いろいろやりながら24時間考えられる環境をどうやったら作れるか考えています。その一つとして、リモートワークがあると思います。リモートワークだと、海外出張を減らせるのも大きなメリットです。今までも、海外まで行っても、現地で1〜2時間打ち合わせをするだけで帰ってくることもあったので、リモートワークは意味があると思います」

リモートワークが、育児と仕事の両立を加速させるための重要な施策であることがよくわかる事例だ。本人の努力や周囲の理解に頼るだけでなく、企業側も両立を望む男性の背中を押す制度をきちんと整備し、社員が使えるよう十分な啓発をしてほしい。

3　パイオニアたちの奮闘〜育児休業編

育児をする男性にとって、職場の理解は悩ましい問題だが、家庭内でも育児に対する向き合い方の悩みは千差万別だ。まずは育休を取得した男性の話を紹介しよう。

パイオニアとしての育休取得

横山さん（男性・技術系・子どもあり）は、育休を取ることが珍しかった時代に取得した男性だ。

「妻は職場の先輩で、同じ職場で仕事をしていました。自分たちの会社は産休・育休の制度が整っていましたが、第一子の時には妻だけが育休を取り、自分は取りませんでした。その時は妻が『自分が取るよ』という自然の流れでした。申し訳ないが、自分が取ろうとは思わなかったです。取ってくれるんだったら、ありがとうという感じでした」

育休中は、妻がすべての育児を担っていた。しかし妻の職場復帰後、分担を変えたという。

「家事・育児は半々か、なるべく自分が、意識的に多くしていました。父親はおっぱいが出ないだけで後は全部、母親と同じという考え方があったからです。しかし、後に妻は『自分だけが育休で（仕事を）休むのは違うのではないか、２人目ができたらあなたが取ってよ』と言うようになりました。自分もその時は『取るよ』と流していました。そんなこともあり第二子が出来たときに、これは本当に取らないといけない、ということになり、上司に相談して取らせてもらいました」

妻の「仕事をずっと続けたいので早めに復帰したい」という思いと、妻からの育休取得の希望を横山さんが汲《く》んだのだ。自身も職場で育休取得の布石を打っていた。

「職場でも『２人目ができたら育休を取る』と言っていたので、有言実行しないといけないと思いました。（男性が）育休を取ることはまだ当時は珍しかったので、周りの理解は難しく、『どうぞ取ってください』という雰囲気ではなかったです。しかしパイオニアの自負があったので、結構戦ってきました。そうしないと妻にも怒られますので」

半分照れ隠しもあるのだろうが、積極的に周囲を巻き込んで計画を進めていったことがうかがえる。

「協力してもらえるように、自分が仕向けました。上司はなかなか首を縦にふらなかったのですが、自分は取りたい、取るべきだと思っていました。その時、同僚、職場の女性陣が応援してくれました。２か月あけることになるので、前準備もしっかりとして、周りにもお願いしました」

２か月の育休を取得した横山さんは、長期で育休を取得した男性としては社内第２号だったそうだ。

「育児しやすい会社」だから

太田さん（男性・技術系・子どもあり）は、妻より自分の会社の方が制度や風土が育児と両立しやすい会社であると考えており、自分が融通を利かせて家事・育児をしようという意思を持っていた男性だ。

「１か月の育休を取りました。自分は『休む宣言』をしていて、会社としても育休を推奨していたので、前例にもなるのでいいかな、と思いました。その1年前に、上司も数週間の育休を取っていましたので、育休を取得することに対して『えー』ということはありませんでした。妻は仕事を辞めたくないという人です。ハードワークをしている妻よりも、融通が利く自分が育児をやろうと思っていました」

太田さんの職場は、男性上司も長期の育児休業を取っている。管理職の育休は業務過多で取りづらいと言われる中で、上司が率先して育休を取って風土を醸成しているところは、他の企業の手本となるだろう。太田さんは、職場が柔軟な働き方を推奨している点を、戦略的に使っている。

「職場では、自分の方が融通が利くと公言していました。その理屈で、育児も融通が利く自分がやらなければならない、と周りに主張していました」

公言した通りに育休を取得し、復帰後もフレックス制度を使って固定の曜日は早く帰ることをあらかじめ職場に周知した。固定化することで、周囲の理解も進んだと言う。そして公言して実行する重要性をこう語っている。

「自分のような働き方を周りの人にもわかってもらいたくて、わざと大げさに言っています。浸透させたいし、その方が自分自身にもいい方向に行くと思うからです」

家事も育児も全部やる

次に、育休を取得した男性が、育休中にどのような育児をしていたのか少しご紹介したい。前述の太田さんの家事・育児の内容はこうだ。

「自分の育休中は、食事の準備、掃除、洗濯と、家事を全部やりました。配偶者と相談の上で、赤ちゃんの世話以外は全部やることにしました。母体を保護するためになるべく動いてはダメ、と聞いていたので、全部やることにしたのです。大変でした。特に３食分の献立を考えるのが大変でした。結局、途中から、『食事は全部作るからメニューは考えて』、と妻と取引して、そこだけは分担しました。こういう取引や理屈の言い合いは日常茶飯事。料理は昔からしていたので苦ではなかったです」

夫婦で時には言い合いもしながらも、お互いの得意分野を活かしてできることは何でもしたという、太田さんの奮闘ぶりがよくわかるエピソードだ。

家事・育児を育休中に始め、現在もこなしている山本さん（男性・技術系・子どもあり）の日常を紹介しよう。


「妻は里帰り出産でした。子どもが生後1か月の時、年末年始と有休を使って里帰り先で3週間ほど過ごしました。その時はおむつを替えたりお風呂に入れたりしていましたが、本格的に家事・育児をするようになったのは、妻が職場復帰してからです。妻の復帰後は、迎えは妻が行って食事を作り、自分は朝送ることになりました。分担は自然に決まりました。自分は6時から6時半に子どもを起こし、ご飯を食べさせて着替えさせ、保育園の準備をして、保育園に連れて行きます。子どもがお風呂に入る前には帰宅して、子どもと遊びつつ洗濯物を片付け、お風呂に入れて寝かしつけます」

日々の家事・育児がルーティン化されているようだ。子どもができてから生活のリズムが大きく変わった現状について、山本さんはこう語る。

「自分の時間があったらいいな、とは思いますが、これ以上妻にやってほしいことはありません。負担になってしまうから。時間がないのはお互い様です」

妻も働いており、夫婦の忙しさは同じだ。お互いをよく理解しながら、仕事と育児を両立させている夫婦である。

育休で知った育児のしんどさ

次に、育休を取ってすべての育児をすることになった男性の話を紹介しよう。

宮本さん（男性・事務系・子どもあり）は、妻の体調を慎重に考えて育休期間を決めた。育休中は、できることはすべてやったと話してくれた。

「育休を1か月半にしたのは、私の意見です。知り合いの経験者に聞くと、1か月はケアが大事と聞きました。1か月は自分がやらなくてはならないと思い、仕事の面の兼ね合いと、妻から1か月は安静にしていたいということを聞き、1か月半と決めました。その間は、妻を〝看病しなくてはならない人〟と位置付けて、子育ては私がやっていました。妻が搾乳したおっぱいを冷凍保存しておいて、3時間おきにあげていました。寝かしつけを合わせるとほとんど寝られず、睡眠時間的にきつかったです。やってみて、しんどかったです」

宮本さんは社内でダイバーシティ関連の仕事をしており、男性育児休業の取得促進業務も担当している。

「男性の理解が広まれば、女性の割合が少ない企業で働く女性も（数を増やさなくても）もっと働きやすくなるのではないでしょうか。男性ももっと育休を取って、女性が育児をしながら仕事をすることへの理解が深まればよいと思います」

実体験が仕事に直結しているからこそ、宮本さんの言葉は重い。男性が育休中に無我夢中で家事・育児を頑張ったことには、大きな意味がある。夫も妻も同じようにキャリアを積んでいくためには、どちらか一方に家事・育児の負担が偏ることは好ましくない。そういう意味では、夫が家事・育児を一手に引き受ける日があれば、妻が時間を気にせずに仕事に打ち込む日ができる。男性が育休を取って家事・育児のトレーニングをすることは、デュアルキャリアカップルの最初の一歩なのだ。

ここまで、頑張って育休を獲得してきた男性や、初めての育児に必死に向き合う男性を見てきた。しかし全員が思い通りに育休を取得したり、育児を担ったりはできないのも事実だ。思うようにできなかったと後悔の念を話してくれた男性のエピソードを２つ紹介しよう。

男性育休取得の壁

山田さん（男性・事務系・子どもあり）は、妻の里帰り出産の４か月後、母子が自宅に戻るタイミングで育休を取った。本来は１か月の育休を希望していたが、会社都合で２週間になってしまった。

「育休の期間を考えるときに、昇格に影響するかなということで忖度していました。実績の評価と昇格が明確に紐づけられていなかったので、忖度は働きます。部でも昇格できる人数は決まっているので、『上司に仕えなくては』という気持ちになっていました」

自分の希望を最後まで通すことが出来ず、育休を短縮してしまったのだ。昇格の基準が不明瞭であることが起因している、残念なケースである。それでも取得した2週間で気づきは多かったようだ。

「出来る範囲の家事をやったり、子どもの面倒をみたりで、家族で過ごす2週間でした。生まれて4か月間はうれしいという気持ちでしたが、育休中に夜泣きや、泣き止まないことがわかって、嫁さんがこんなに大変だったということが初めてわかりました。育休が1か月あったらよかったなと思いました」

女性からも男性の人事評価に関する指摘が出されている。藤原さん（女性・技術系・子どもあり）はこう語る。

「『男性が育休を取ると人事評価に影響する』と聞いたことがあります。私は男性社員ではないのでわからないし、今は違うかもしれませんが、そういうキャリアアップへの障壁があると、男性はますます取りづらくなると思います。会社に影響を与えているのはわかるので、別のところでリカバリーできるチャンスを与えるなど、会社のサポートがあるといいと思います」

昇格・昇進の評価基準の明確化、育休取得時の評価への影響の可視化など、企業として取り組むべき点は多いと言える。

育休を取る勇気

育休を取ることすら出来ない男性も少なくない。「本当は取りたかったが出来なかった」と、後悔も込めて素直に語ってくれた藤井さん（男性・技術系・子どもあり）の話を紹介する。制度があっても取れないという職場の雰囲気を語ってくれた。

「育休は取っていません。取ろうという気持ちはあったのですが、取れなかったのです。仕事を優先してしまいました。妻には申し訳ないと思っています。当時から育休制度はありましたが、認知されていませんでした。周りで取っていた人もいませんでした。1週間くらい有休は取りましたが、数か月は取りたかったです。周りは誰も取っている人がいなかったので、勇気がありませんでした。自分の後々の待遇ということより、自分のやっている仕事を引き継げる人がいませんでした。育休制度が浸透していなくて、口火を切ることが出来なかったのです」

会社を休むということは、会社や周りの同僚に負担をかけ、マイナス面ばかりがあるように思いがちだが、果たしてそうなのだろうか。**図2-2**は、子どもの出生や育児のために休暇・休業を取得したことでの良い影響を男性に挙げてもらったものだ。育休を取得したことがある男性では、「職場の人の家庭環境等に配慮するようになった」が78・2％と8割近くにのぼっている。また「効率的に仕事を行うようになった」も74・7％と高い。「視野が広がり、これまでと違った発想ができるようになった」が62・9％、「仕事に対するモチベーションが向上した」は61・2％と、仕事に関係するほとんどの項目で、半数を超える高い割合になっている。どの結果も、社員が一朝一夕にできるようになるものではないということを考えると、育児休業の取得は、企業にとっても大いにプラスであることに注目

図２－２　育児休業を取得した男性が感じているメリット

▶出生や育児のために休暇・休業を取得した男性170人への質問「あなたが子どもの出生や育児のために休暇・休業を取得したことでの良い影響について、当てはまるものを選んでください」に対する回答を集計

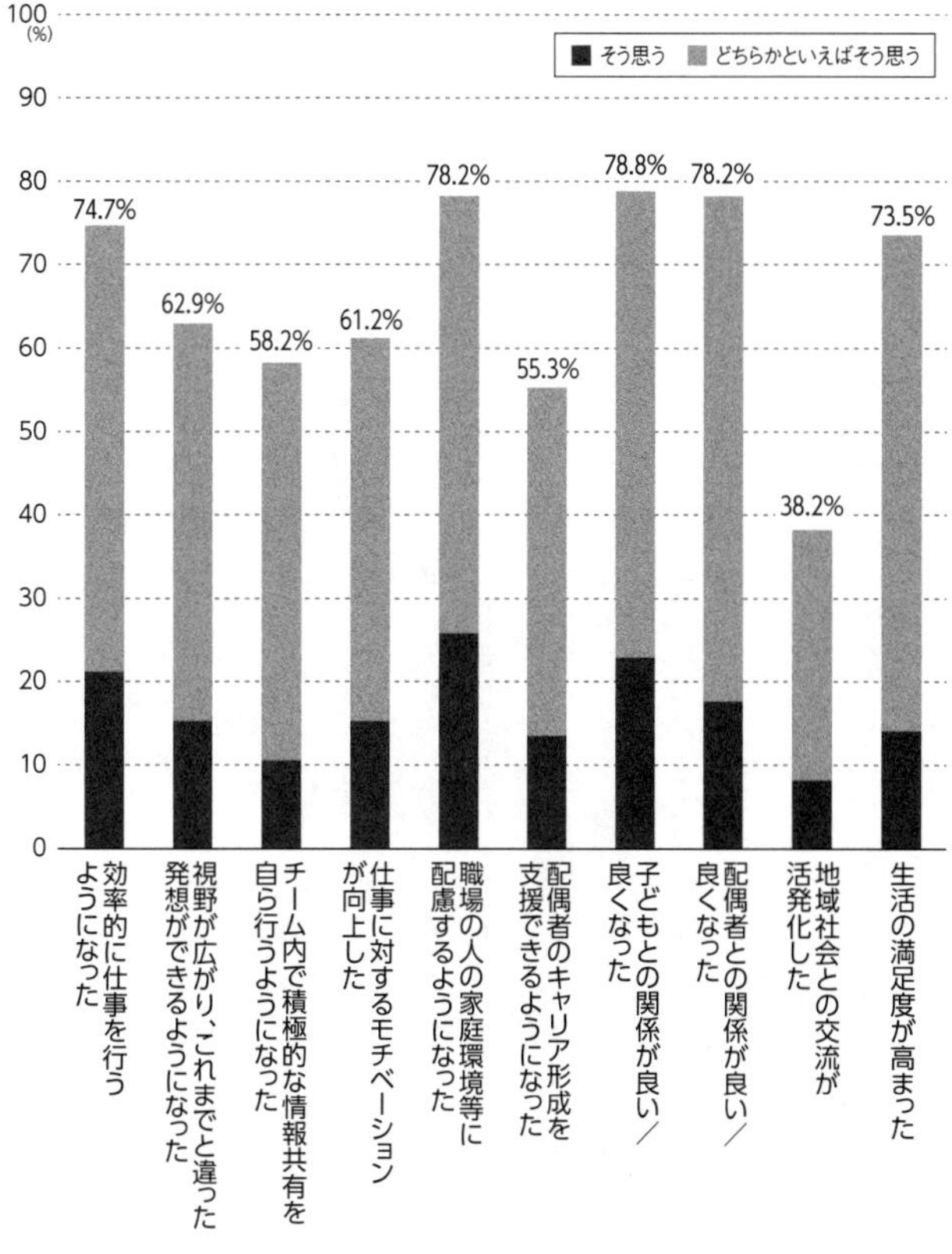

※回答選択肢「そう思う」「どちらかといえばそう思う」「どちらかといえばそう思わない」「そう思わない」のうち「そう思う・どちらかといえばそう思う」を集計

出所／21世紀職業財団「ダイバーシティ＆インクルージョン推進状況調査」（2022年）

してほしい。

4　管理職になりたくない？

女性には「管理職になりたいと思うか、管理職になる気持ちがあるのか」と確かめるが、男性には特に確かめない、という職場もあるのではないか。男性に対しては「男性は管理職になって当たり前なので、意思を確認する必要はない」という前提に立っていることが多いため、いちいち確かめない。女性に対しては「女性は家庭で家事・育児を担うことが多く、管理職になると多忙で責任も重くなり、仕事と家庭との両立が難しい。あらかじめ確認しておかないと、会社にとっても本人にとっても不幸になる」という前提に立っていることが多いため、いちいち確かめる。そもそも、「管理職になると多忙」という前提自体が大きな課題である。

また、男性だからといって、必ずしも全員が〝多忙な管理職〟になれる条件が整っているわけではない。男性には、家庭の事情を確かめなくてよいのだろうか？　近年は管理職になりたくない、という若手が増えているということもよく耳にする。

管理職になりたくない本当の理由

管理職になるメリットより、デメリットの方が大きいと考えている男性もいる。昇格したばかりという佐々木さん（男性・事務系・子どもあり）も、その一人だ。自分の専門性は高めたいが、そのために会社で重要な地位を占める必要はないと感じている。

「次（のポジション）に上がれるかどうかはわかりませんが、もし上がったら経営職階で、組合から外れる形です。そこは、たぶん上がるメリット・デメリットがあります。会社が上げようと思ってくれれば断る理由はないですが、業務としては忙しくなるし、業務時間のコントロールもきかなくなる。上司の姿を見ていると、業務時間が増えるし、残業の制限等も外れ、責任も伴ってくる。部下が増えれば面倒をみないといけない。自分の生活を優先する度合いも下がってくると思います。業務や部下を優先すると、私生活の余裕が減ってくるだろうとも思います。待遇面ではメリットの方がありますが、時間配分と気持ちの配分が気になっています。待遇面以外のメリットとしての『昇格してたくさんの人を動かしたい』とか『権力を持ちたい』というモチベーションがないので、デメリットが目についてしまうのです」

佐々木さんにとって、昇格のメリットは昇給以外にない。

「管理職になれば自由度は増えるので、『働き方は自分がこうしたいからこうする』と主導していくこともできるのかもしれませんが、自分がそうなった時をイメージすると、部下の面倒をみたり気を配ったりしないといけない。今まで通りの自由度で働くべきではないと思うのです。仕事をないがしろにするよ、と思えばできるし、プライベート重視もできると思いますが、昇格したらそれはするべきでないと思っています。仕事もプライベートも回すというのがイメージできるようになればいいのかもしれないのですが、今は不安の方が大きいです」

「管理職になりたくない若手が増えている」と聞くと、仕事のやる気がなく、プライベートばかりを重視しているような印象を受ける人もいるかと思うが、働いている本人たちは仕事で責任を果たしたいと真剣に考えているからこその逡巡なのだ。管理職でありながら、仕事と家庭のどちらも充実させることは困難だと考えている。

佐々木さんが現在、子育てに多く関わりプライベートを充実させていることは、おそらく仕事にも好影響をもたらしていると思われる（図2-2参照）。それを断ち切らなければ役割を果たせないような管理職の働き方自体、見直しが必要なのではないだろうか。デメリットを承知で、不安を抱えながら管理職になり、活き活きと仕事ができるだろうか。

管理職になって職場改革を

一方、そういった状況においても「管理職になりたい」と思っている男性のモチベーションの源泉は何だろう。村上さん（男性・事務系・子どもあり）は、1年間の単身赴任経験があり、その間、総合職の妻はワンオペ育児となった。単身赴任から戻ってきた後は非常に多忙な日々を送りながらも、子育てに関わろう、プライベートと仕事を切り分けようと頑張っている。

「仕事はしないと食べていけないし、生活の一部だと思いますが、プライベートを侵すものであってはいけないと認識しています。子育てをセーブして会社に尽くそうという気は、さらさらないです。子育てがキャリアアップの足かせになることはない。子育てしながらキャリア形成している夫婦は増えてきています。それが普通になってほしいと思っています。ダメな理由だけ述べていても仕方がないので、まずやってみることが必要。できるだけの努力はするし、自分が今後（役職が）上がっていったら、それをしやすくするのも仕事だと思います」

村上さんの業界では、残業が常態化しているという。後に続く人のために、環境を整えたいという使命感が生まれてきているようだ。

「他の業種から見ても、罰ゲームに近いように残業が長いのは是正しないといけない。誰かが言わないといけないことで、それが自分かなと思っています。自分の子どもをうちの会社に入れたいかと聞かれたら、『今のままなら、すごくいやです』と答えると思います。こういう苦労を子どもにしてほしくない。子どもが入れるような状態、入っても安心だという状態にしてあげたい。そのためには偉くならないといけないので、なろうかなとすごく思っています。ただ、年功序列が確立している会社ですし、われわれが残業時間を減らそうとすると、経営側としては納得できない部分がある。猛烈に仕事をして出世した人たちで、その弊害が残っているのです。それが一番悪しきところだと思います。会社としての若返りを、自分としては望んでいます。40代、50代の役員がいてもおかしくないのではないでしょうか。上の世代とのジェネレーションギャップをすごく感じています。自分の父親・母親よりも年齢が高い人々なので」

年功序列的な風土は、簡単に変わるものではない。そういった風土においては、上の人の指示には従うという状況であるため、自分が上に立って、指示を出して変えていく方が近道なのではないか、という考えに至っている。それは、将来の自分の子どもたちのためでもある。未来を良くするために現状を変えたいというのは、子育てしているからこそ湧いてくる気持ちなのかもしれない。

ミレニアル世代が管理職になってやりたいことの一つが、誰もが働きやすい職場にすることであるというのは、働き方改革がすでに非常に大きな課題であるからだ。企業は、顕在化している課題の解決をミレニアル世代に先送りするのではなく、今すぐに取り組むべきだ。

5　育児のために転職する男性

もちろん、管理職になって職場を改革したい、という人ばかりではない。不安を抱えていたり、現在の職場に見切りをつけたりする人もいる。

「帰れない職場」にさようなら

中山さん（男性・事務系・子どもあり）は、仕事と家庭の両立のために転職した。海外赴任の経験もあり、職場では次々に仕事を任される頼りになる存在であったが、子どもができてからは、それが悩みの種となった。「無限に仕事が出来る状況ではなくなった」にもかかわらず、育児に時間を割くことに対して、職場の上司の理解を得られなかったのだ。家事・育児を妻と対等に分担しながら同じ職場で働き続けることは、物理的に不可能だった。

「異動後に体制ががらりと変わり、人間も変わり、忙しくなってしまいました。毎日、10時、11時くらいまで残っていました。連日、2時、3時に帰る日もありました。職場では働き方改革を謳《うた》っていましたが、やっているところとそうでないところがありました。職場や上司によって違う。私の上司は働き方改革に興味がなかったのでやっていませんでした。もっとマネジメントをやってくれれば、もっと早く帰れたと思います。業務の分担とか、業務を受けるか受けないかを判断すべき、という考えがない人でした。非効率でした。10人のチームメンバーの中でも、忙しい人の方により仕事がいって、それを平準化させることがありませんでした。仕事ができない上司の下につくと忙しくなってしまう。そういうマネジメントが出来ない人でも管理職になっているのです」

2019年、すでに多忙だった職場にコロナ対応業務が加わって、さらに状況は悪化した。

「コロナ以前も、どちらかというと（家事・育児は）妻の分担が多かったですが、保育園の送りは私、迎えは妻と分担していましたし、洗濯も私がしていました。しかし、コロナ対応で、帰りは連日タクシー、朝起きることもできず、保育園の送りも迎えも妻にやってもらっていました。世間一般の職場と同じでテレワークもやっていい、とはなっていましたが、忙しくなるとできなくなりました。コロナ対応で、子育て、家事を妻に寄せてしまって、それがいやでした。こういう働き方は続けられないと思いました」

このような状態が続いたため、中山さんは離職した。転職先は給料も良く、ほとんどの仕事をテレワークで行えるため、子どもの迎えも出来るそうだ。「産休以外は（夫婦）対等にすべき」という考えがあり、総合職で働く妻の家事・育児の負担が増えてしまったことを苦痛に感じているところが、ミレニアル世代のデュアルキャリア・カップルの感性なのかもしれない。

デュアルキャリア・カップルであることは、お互いのキャリアを広い選択肢から模索できる点もメリットであろう。転職もその一つだ。中山さんも「パートナーが専業主婦だったら続けていたかもしれない」と語った。転職に関しては、パートナーに収入があるということが背中を押した部分もある。

「妻に仕事を辞めてもらう選択肢はありませんでした。自分の選択肢の中に、パートナーが専業主婦になる、ということはないので考えてもいませんでした。全責任は負いたくないという気持ちもあるし、働きたいという妻の気持ちもあるから、こちらの気持ちだけで変えてもらうのはいやだったのです。子育てとの両立という観点でも、妻とはキャリアについてはあまり話したことはありませんが、イメージとしては今の会社の仕事は楽しそうなので、管理職にもなっていきたいと考えていると思います。総合職なので、男の人が歩んでいったキャリアを妻も歩むと思います」

自分のキャリアと同様に、パートナーのキャリアを尊重するからこその転職、という側面もある。自身とパートナーのキャリアに対する確固たる考え方を持ち、自律的キャリアを切り開いている優秀な社員が、社外に流出した例である。

キャリアのはじめから転職を視野に

加藤さん（男性・事務系・子どもあり）も、インタビュー当時に転職を控えていた。

「今月で今の会社を辞めます。1つの会社でキャリアを伸ばしていく必要性もないと考えています。タイトル（役職）は仕事のしやすさや、次の大きな機会を得る材料にはなりますが、根本でいうと、自己成長というか、自分が貢献できることが増えたり、自分が関わって良かったと言ってもらえる機会が増えたりすることに、キャリアの価値を感じています。その手段として大きな企業の方が実現しやすいとか、タイトルを持っていた方がよりそこに近づける、ということがある。キャリアというと一般的には昇進が前提になっていると思いますが、自分は自己実現にモチベーションを感じているので、次の会社を探していました」

加藤さんは、キャリアのはじめの頃から、常に転職のことが頭にあったという。

「転職について、配偶者は『いいんじゃない』と言っていました。転職先には前の会社の先輩がいるので、イメージがつきやすいというのもあります。基本的に、出社が前提ではなさそうなので、子育てにも参加できると思います。今は、夫婦2人とも在宅勤務中心なので、そのペースでいきたいです。現在の企業の構造や働き方や風土は、上の世代が作ってしまった気がします。国策で急に変わるものでもない。企業が価値観を変えるべきで、それを支える制度があるといいなと思います」

仕事と育児が両立できるかどうかは、キャリアの実現には欠かせない条件となっている。

今後、こういった理由で転職する男性が増加する可能性も高い。

自律的にキャリアを考えている人ほど、環境を変えるための行動を厭わないであろう。長年コストをかけ育成してきた優秀な人材が、ようやく一人前になろうかという段階で流出していくのは、企業にとっての大きな損失である。

第２章のまとめ

本章では、男性がプライベートロスを防ぐための様々な攻防を見てきた。

ここで印象的なのが、キャリア形成におけるジェンダーの対等意識である。インタビューの回答者には、夫婦ともにキャリアを形成することを「当たり前」と捉えていた男性が多くみられた。夫も妻も仕事をしている限り、目指すキャリアに向かって邁進することは当然であり、それを配偶者がサポートするのもまた当然という意識である。専業主婦が夫の出世を支える一昔前の構造と、ミレニアル世代の意識は大きく異なっているのである。

もう一つの対等意識は、ミレニアル世代の男性が持つ育児におけるジェンダーの対等意識だ。妻と対等に子育てをしたい、妻と同様に育児も家事も担う、という意識が根底にあるように思える。しかし、多くの職場や上の世代の上司はその意識を理解できず、旧態依然とした風土や考え方から抜け切れていないのであろう。男性の育休取得が思うように進まないのは、その最たる例ではないだろうか。

プライベートロスという感覚自体がミレニアル世代の男性を象徴する言葉と言っても過言ではないだろう。コロナ禍を経て、柔軟な働き方が許容されるようになったのは、デュアルキャリアを目指す夫婦にとっては一筋の光明である。男性のプライベートロスを防ぐため、企業は働き方だけでなく、キャリア形成や、風土改革など柔軟に対応する必要があるだろう。

第3章

妻の場合

女性のキャリアロス

多様な生き方ができる時代となり、結婚や出産をしない女性も大勢いる。しかしながら、女性が仕事を継続するにあたって、特に出産や子育てがキャリアに少なくない影響を及ぼすことは、十分に検討する必要がある。仕事と家庭の両立は、パートナーとの協力体制や、外部リソースの有無、仕事内容や職場環境によって、困難の度合いは様々であろうが、女性にとって自身のこれからのキャリアを考えざるを得ないタイミングであることは間違いない。

そこで、本章では、自分の望むキャリアを歩むために、女性たちがどんな知恵や工夫で乗り越えてきたかをお伝えしたい。

1　マミートラックに陥らないために

出産は、女性のキャリアにとって大きな岐路になる。出産以前のように、１００％の時間を自分自身のために使うわけにはいかなくなる。家事・育児の時間を捻出するため、職場復帰後に短時間勤務制度を利用する人も多い。

産休・育休明けの社員を受け入れる職場の対応も様々であろう。個人の事情に合った配慮が望まれるが、必ずしもうまくいく人ばかりではない。仕事と家庭の両立のためには、「仕事の難易度は下げずに業務量を調整する」というのが望ましいパターンだが、業務量だけでなく、仕事の難易度も下げられてしまうケースがある。

難易度が高く残業がつきもののフルタイム勤務か、難易度が低く収入減となる短時間勤務か、という二者択一を迫るような職場も多い。残業が多い職場の場合、短時間勤務を続けざるを得ない、というケースもある。一方、難易度の低い仕事をあえて希望し、フルタイム勤務を続けるケースもある。

しかし、一度難易度の低い仕事の担当になってしまうと、そこから元の難易度の仕事に戻るのも、さらに高い難易度の仕事に就くことも難しくなる。また、短時間勤務が長期間にわたると、仕事の難易度が下がっていなくても、おのずと経験量の差が生じる。そして徐々に昇進・昇格から遠のき、同じような仕事をずっとし続ける、いわゆるマミートラックに入ってしまう。

出産後に復帰した女性のうち、マミートラックに入るのはどのくらいだろうか。マミートラックの定義を「難易度や責任の度合いが低く、キャリアの展望もない」状態として調査した結果が**図3‐1**である。自身の現状をマミートラックであると考える人は46・6％に上っている。

図３－１　【女性】現在のマミートラックの状況

▶質問「現在の仕事や今後のキャリアについて、あなたの状況に近い項目を選んでください」に対する回答を集計

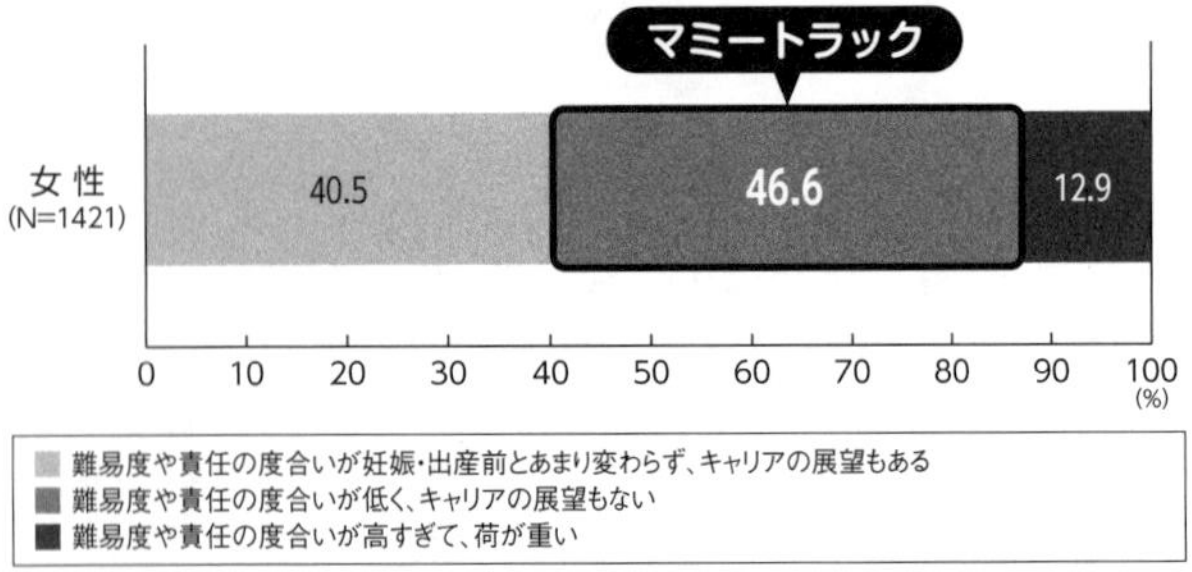

出所／21世紀職業財団「子どものいるミレニアル世代夫婦のキャリア意識に関する調査研究～ともにキャリアを形成するために～」(2022年)

第１章で見てきたように、女性は第一子出産後に離職する人もいる。就業継続できた場合も、マミートラックに入ってしまう割合がそうでない割合よりも高い。離職やマミートラックに入ってしまうことで、出産前に形成してきたキャリアがいったん失われる「キャリアロス」が、女性には生じやすい。

女性のキャリアロスは、それまで人材育成のために投資してきた企業の損失ともなるため、キャリアロスすることなく、自分の描くキャリアを形成できるようになることが、本人にとっても企業にとっても重要である。

今回インタビューした女性たちは、様々な苦労はありつつも、キャリアロスすることなく、育児と両立しながらキャリアを形成している人たちだ

った。アンケート調査では約半数の人がマミートラックに陥っていたが、約4割の人は「難易度や責任の度合いが妊娠・出産前とあまり変わらず、キャリアの展望もある」と回答している。彼女たちはどのようにして乗り切ったのだろうか。

産休・育休からの復帰後にマミートラックに陥る原因の一つは、上司がよかれと思って、出産前より仕事の難易度を低くしたり、責任を軽くしたりしてしまうことだ。ここでは、マミートラックに陥らずに就業継続できた事例を紹介する。

戦略的に復職準備

中野さん（女性・技術系・子どもあり）は、育児休業後復帰する時期を戦略的に考えて決めた。

「子どもが4月生まれだったのですが、次の年のみんなの異動の時期に合わせて復帰しました。自分だけ1か月遅れる状況を作りたくなかったからです。また、復帰する時に、自分で希望し、異動しました」

キャリア形成になることと働き方の裁量があることの両方を考えて、異動先を希望した。さらに、フルタイムで復帰するために会社の近くに引っ越し、延長保育があり夕食を出してくれる保育園を選んだ。

「時短だと責任が軽い仕事になるのでは、という予想があって、出世というより、仕事の内容のレベルが落ちる不安がありました。面白くない仕事はやりたくなかったのです。どうせやるなら面白いこと、新しいこと、知らないことをやりたかったのです。また、異動してきた部署だったので、最初が肝心かな、と思いました。最初の3か月くらいに子どもの熱で抜けると、『仕事を任せられない人』という印象がついてしまう不安があったので、復帰後の3か月間は熱が出たらダンナが迎えに行く、ということを相談して決めました」

中野さんは、夫婦の協力体制も万全であったため、このような仕事の仕方ができた。なかなかここまで戦略的に実行することは難しいかもしれないが、可能な範囲で戦略を立てておくことには一定の効果が期待できる。

復帰半年後から海外出張

石川さん（女性・事務系・子どもあり）は、上司がタイミングを見て、仕事を割り振ってくれたとのことである。

「育休後に復職した当初は時短勤務で、業務量の調整があったと思いますが、半年後には容赦なく仕事がくるようになりました。ただ出来る範囲でやらせてもらいました。仕事の量は過剰に気を遣ってもらわず楽でした。半年後に上司から担当してもらいたい案件があると言われ、海外出張も行くようになりました。海外出張は長くて2週間。できるだろうと思いました。私の復帰のタイミングで、実母が海外から日本に帰国していたので、何かあったら母にも頼れる状態でした。基本は夫がみていましたが、週末は実家に連れて行って2～3日は両親に面倒をみてもらっていました。海外出張は月に1回くらいありました。自分もさみしくて最初は不安がありましたが、海外出張の時は、夫は淡々と引き受けてくれました。お互い様という前提で頑張ったと思います」

この事例では、出張の時には夫が子どもの面倒をみることができたというのも、うまくいった条件と言えるだろう。子育てしながら一生懸命働いている女性は、出産前のような海外出張もある仕事をしたいと思っても、なかなか自分から言い出すのは難しい。あなたが子どものいる女性の上司であるなら、ぜひ、コミュニケーションをよく取って、本人が望んでいる場合は背中を押していただきたい。

よくばりでいい

「自分の専門分野を持って、社内において適切なポジションに立つというキャリアイメージを持っています」と話す木村さん（女性・事務系・子どもあり）は、上司の言葉に鼓舞され、適切なポジション＝管理職につく目標を持っている。

「自分がキャリアをここまで頑張ろうと思っているのは、入社した時の上司に『良き妻、良き母、良き上司になってほしい。よくばりでいい』と言われたから。その当時、全部持っている女の人はほとんどいなかったのです。『良き夫、良き父、良き上司になっている男性はこの会社にはいっぱいいいます。諦めないで』と言われました。それを自分の中で大事にしています」

良き妻、良き母を押し付けてはいけないが、上司は、妻・母になっても、良き上司になることを諦めないで、ということを伝えたかったのだろう。女性が良き上司になるためには、男性が家事・育児をすることも必要だ。木村さんは、無意識の性別役割分担意識が働き方を固定化していることも指摘している。

「女の人には時短制度を勧めたりします。男性に対してはそういうのがないのに。育児休業を女性が取ったのであれば、時短は男性が取ってもいいと思います」

「育児時間」を利用してフルタイム復帰

酒井さん（女性・事務系・子どもあり）は高いキャリア意識を持って、「育児時短」ではなく「育児時間」を選択した。育児時間というのは、1歳未満の子どもを育てながら勤務する女性社員が、原則30分の育児時間を1日2回まで取得できる制度である[1]。

「1人目の子どもの復職時には、キャリアを意識して、なるべく出産前と同じように働きたいという思いで、フルタイムで復職しました。2人目、3人目のときは、時短は給料が下がり、人事評価が低くなることを懸念し、育児時間を使っていました」

週に何回かは夫が保育園にお迎えに行き、残業できる体制も作っている。

「夫も以前は私と同じような仕事をしていたので、夫婦が同じように働けるようにするのは当たり前、という感覚です。もし昇進できるのであればマネジメントに上がりたい。採用時の部長が『幹部候補として採用する』と言ってくれましたし、ゆくゆくそうなるのかなと思っていました。昇進や働きやすさなどについて思うこともあるので、環境を変えるためには上の方に女性が増えるのは大事なことだと思います。そういう意味でも目指していきたい。娘が大きくなったら会社が変わっているようにしたいのです」

上司が柔軟な働き方を後押し

遠藤さん（女性・技術系・子どもあり）は、第一子出産後、出産前からいた短時間勤務が

しやすい部署に復帰したが、のちにやりたかった仕事ができる希望の部署へ異動できた。

「それまでの部署と違ってとても忙しく、最初の１年はプロジェクトの現場で仕事をすることが多かったです。当時、育児社員は在宅勤務を月４回までできる制度がありましたが、当時は７時間の短時間勤務だったので、繁忙度の高い業務と両立するため、上司が『制限に囚われずもっと使っていいよ』と言ってくれました。なので、本社より自宅から近い現場に行くときは、前後に在宅勤務をしていました。上司が結果主義であったのと、日頃からコミュニケーションを取っていたので、その働き方について理解してもらっていました」

忙しい部署であっても、柔軟な働き方ができたことで乗り越えられた事例である。

レベルを下げずに時間を減らす

三浦さん（女性・技術系・子どもあり）は、新卒採用で研究開発の部署に配属された。現場経験の後、元の部署に戻ったが、より能力を発揮できる部署への異動を志願した。

「私には、研究開発よりも現場に出向いて折衝するような、実務寄りの仕事のほうが向いていると思っていたので、その部署に行きたいというのをいろんな場面で口にしていました。そうしたら、上司が、異動したほうが能力を発揮できると判断してくださったからか、異動がかないました」

しかし、子育てのために制限していることもある。

「時短勤務なので、実務寄りの部門の中でも、研究開発に関する案件を中心に担当しています。プロジェクトの担当だと、子どもが熱を出したりすると、お客様のアポがある場合、失礼にあたるからです。仕事の原動力は、多面的な人生にしたいということ。家庭や子育てだけでなく、社会的に何かに貢献できるような人生になればいいかなと思います」

三浦さんは、時短勤務でも、自分の能力が最大限発揮できる部署に異動することによって、仕事のレベルを下げることなく、力を発揮している。

裁量のある仕事を計画的に

伊藤さん（女性・技術系・子どもあり）は入社当時、希望と異なる部署に配属されたものの、だんだんと楽しさや充実感を得られるようになった。それでも、育児休業前は仕事にあまり未練がなかった。育休を経て、自分にとっての仕事の重要性に気づいたのだ。

「大きな転機だったのは、産休・育休期間。休みに入る前は、『仕事辞めるかも、専業主婦になるかも』って同僚に言っていたくらい、仕事にあまり未練がありませんでした。でも、休んでみると、私にとって仕事って大事だということを実感しました。子どもといる時間は大事で楽しいのですが、子育てだけでは自分が保てない。そんな中、仕事に戻ったら、楽しんでいる自分がいました。周りからも『復職したら前のようにはできないと思っていたけど、できているね』と言われました。自分でも、気持ちが切り替わって、逆に仕事をしたいという気持ちが芽生えたのです」

復職後は、スケジュールを1か月単位で組み、計画的に働くようになった。

「復職前は、5時までに終わらせるのは相当大変だと思っていましたが、意外とできました。逆算して考えています。たまにもうちょっとやりたいということもありますが。1か月単位でスケジュールを組んで、5時に終わるようにしています。出産前の働き方を反省しました。自分の裁量でスケジュールを組み立てられるので、会議などがない限りは、自分のペースで休みを取りやすいということも、出産前と同じようにできている理由です。それでも、どうしても残業が必要な時は、夫に頼んでいます」

図3‐2に示したように、「仕事の裁量がある」人はマミートラックにいる割合が低い。また、仕事の裁量があることで、キャリアアップの実感を得られている。

役員からの「おかえり」

阿部さん（女性・事務系・子どもあり）はインタビュー当時、単身赴任中だった。しかし、以前、子どもが小さい頃は、夫が単身赴任をしていた。ほぼワンオペ育児を乗り切ることが

図３－２ 【女性】〈仕事の裁量の有無別〉現在のマミートラックの状況

▶質問「現在の仕事や今後のキャリアについて、あなたの状況に近い項目を選んでください」に対する回答を集計

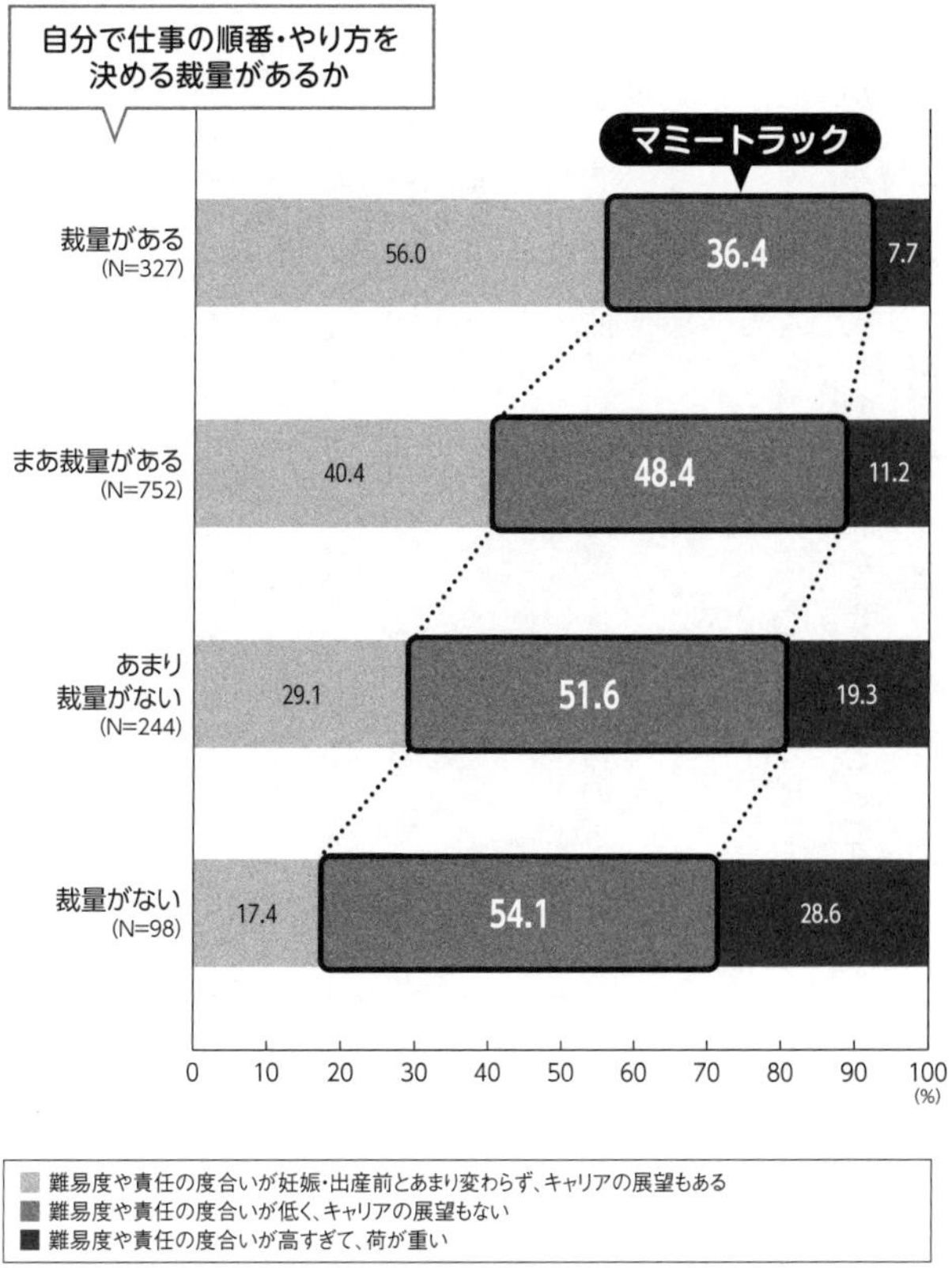

出所／21世紀職業財団「子どものいるミレニアル世代夫婦のキャリア意識に関する調査研究～ともにキャリアを形成するために～」(2022年)

できたのは、スケジュールが読みやすい仕事を割り当ててもらったからだ。

「復帰面談の時に上司から『スケジュールが決まっている方の仕事をしてもらおうかな』と言われました。月前半が忙しく、後半が忙しくないということが事前にわかっていたので、親に頼んだり、ベビーシッターを手配したりできました。上司は人事出身だったので、育児・介護などのケースで利用できる社内制度を知っていました。指導してくれる主担当の男性は、育児もかなりやっている人で、両立しやすいポイントもわかっていたのだと思います」

仕事の適切なアサインも助けになったが、役員からの声掛けも、モチベーションアップになったという。

「育休中に職場復帰する面談で会社に来たら、コピーを自分でとっていた役員が、廊下の端っこから『帰ってきたのか、おかえりー』ととても嬉しそうに手を振ってくれました。その時、こういう人が役員になる会社なら安心して働ける、この人について行こうと思いました」

2　マミートラックからの脱出

財団ミレニアル世代夫婦調査では、第一子出産後復帰した時にマミートラックにいた女性のうち、7割が現在もマミートラックにおり、「マミートラックを脱出した人」は約2割しかいないことが明らかになった[2]。

この約2割の女性たちがどのようにマミートラックを脱出したのかを示したのが、**図3-3**である。上司の関わり、働き方の変更が5割近く、自分の家事・育児の負担減が26・2%である。この節では、このような人たちの事例を見ていこう。

上司に異動を直談判

石井さん（女性・技術系・子どもあり）は、高校時代からやりたかった仕事に、希望通り就職することができた。ところが入社数年目で妊娠し、ジョブローテーションから外れてしまったという。2人目も生まれ、復帰した後もずっとやりたい仕事ができずに、この業界に

図3－3　【女性】第一子出産後、どのように
マミートラックを脱出したか

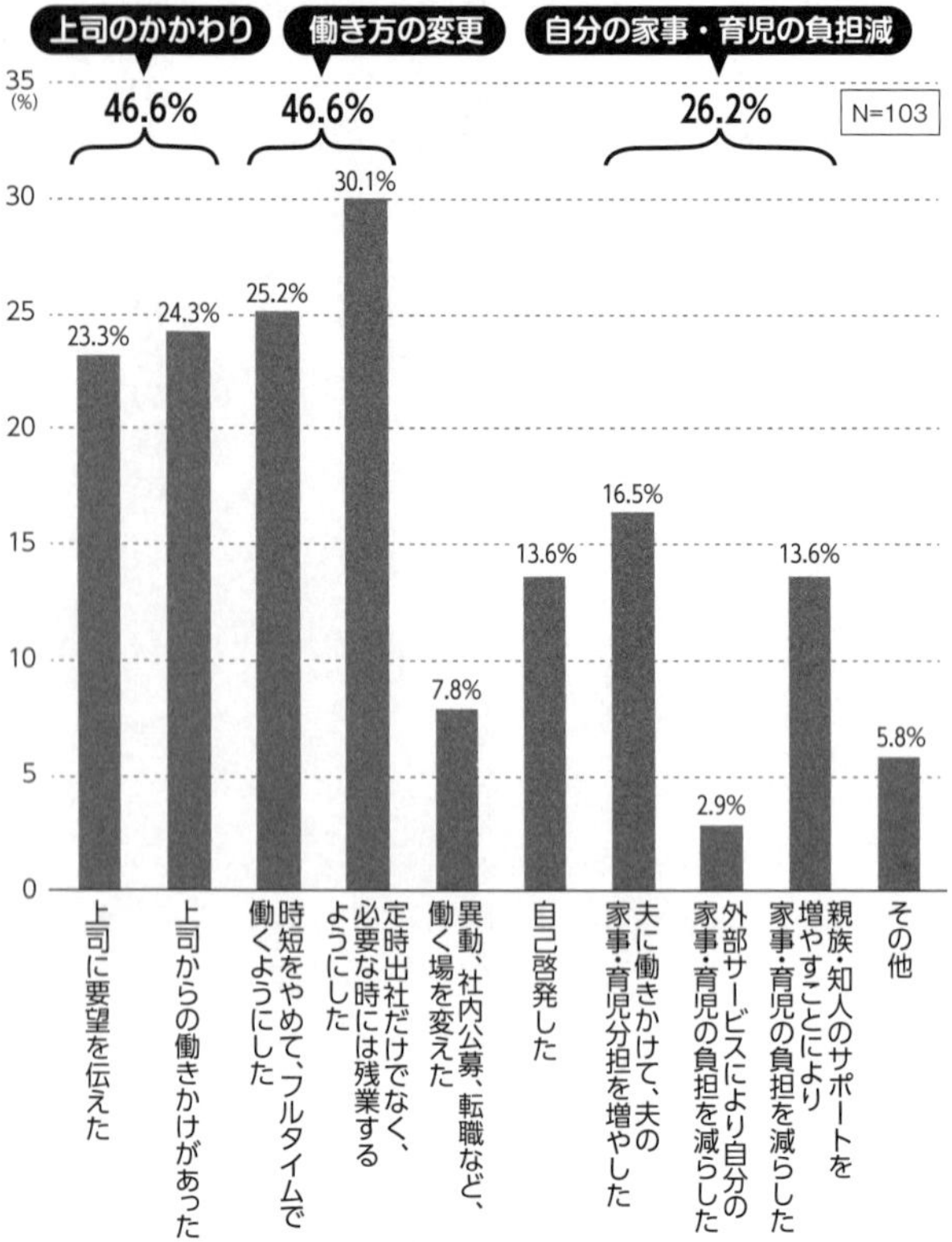

※対象者は第一子出産後に復帰した女性（子どもが一人の場合は3歳以上）で、出産後復帰時は「難易度や責任の度合いが低く、キャリアの展望もない（マミートラック）」で現在は「難易度や責任の度合いが妊娠・出産前とあまり変わらず、キャリアの展望もある」と回答した人。複数回答のため、複数選択した割合を差し引いた（例えば上司の関わりの合計46.6%は、「上司に要望を伝えた」23.3%、「上司からの働きかけがあった」24.3%を合計した47.6%から、両方を選択した1.0%を差し引いた）

出所／21世紀職業財団「子どものいるミレニアル世代夫婦のキャリア意識に関する調査研究～ともにキャリアを形成するために～」(2022年)

入った意味があるのかなと思いながら働いていた。

「その仕事をしていないのは同期で私だけ、というのがひっかかっていました。このままその仕事ができないのではないかと思って不安でした。そこで、まだ子どもが小さかったのですが、思い切って『異動してその仕事がしたい』と上司に相談しました。希望が通り、ずっとやりたかった仕事ができ、やりがいを感じました。大きな喜びがあったその2年間は、私にとって非常に大事です。自分で試行錯誤して結果が出たというのがすごくよかったのです。それが今の原動力になっています」

現在は、プロジェクトリーダーとしてチームを引っ張っているという。

「今年、10年目でやっとプロジェクトリーダーを任されています。やっぱりうれしかったですが、できるのかなという不安もありました。自信もなかったので。うれしかったのはやっと任せてもらえるようになった、任せてもいいと思ってくれたのだということ。その職場で働いた2年間は、リーダーになるのに必要な経験でした。周りとの調整や、その職場の思いというのがわかるし、あの時の経験が今に活きていると思います」

「この仕事やってみないか」

長谷川さん（女性・技術系・子どもあり）は、出産前は徹夜する時もあるほどがむしゃらに働いていたとのこと。保育園の入りやすさを考えて、子どもが6か月の時に復帰した。復帰時、時短を取っていたこともあり、仕事が限定されていたという。

「スパンの長い仕事で両立しやすかったのですが、あまり面白い仕事ではありませんでした。でもそれはしょうがないと思っていました。私だって、急に子どもの熱で休むような人に任せられないと思っていました」

転機は、上司からの声掛けだったという。

「子どもが2歳ぐらいになってからは、大丈夫かなと思って、出張もある本来やるべき仕事をし始めました。上司に特に『できるようになりました』と言った訳ではないのですが、上司から『この仕事をやってみないか』と言われたのです。出張がある仕事だとわかっていましたが、できそうかな……というよりも、やるしかない、という感じ。ちょうどその時に、夫が週2日はお迎えに行けるような働き方になっていたということもあります」

上司の期待が原動力

安藤さん（女性・事務系・子どもあり）は第一子の育児休業復帰のタイミングで異動になってしまい、ショックだったという。

「復帰前の職場は、男性と独身の女性ばかりでした。復帰後、私が異動になった部署は、〝配慮すべき事由がある人が集まる部署〟と自分には見えていたので、自分もそうなってしまったのだな、と思ったのです。時短でも働きやすかったですが、物足りなかったし、期待されていない感じがしました。同じ職場に戻さなかったのは、上の人の思い込みがあったと思います。出産前にいたのは忙しい職場でしたが、今思うとやれる範囲でやらせてもらいたかったですね」

安藤さんは、いったんマミートラックに入ったと感じていたが、第二子の育児休業復帰後、リーダーの立場になり、変わったという。

「2人目の育休が明けて、同じ部署に戻った時には、若い人が増えて、自分は指示されて仕事をする立場から、後進の指導をしなければならない立場になったと思いました。今は、チームをまとめる仕事をしています。上司から期待されていて、役割がはっきりしていることが、仕事を頑張る原動力になっています。また、テレワークをするようになり、通勤時間がなくなったので、自分の力を発揮できるようになりました」

憧れの上司の存在

鈴木さん（女性・技術系・子どもあり）は、育休取得後に元の職場に戻った。

「時短勤務にはせず、8時半〜17時のフルタイム勤務で復帰しました。他にも定時に帰る先輩がいたので、帰りづらくはありませんでしたが、他のメンバーはもっと遅い人が大半。私も出産前は7時、8時まで仕事をしていたので、2、3時間マイナスというのは、結構大きかったです。常に追われているという感覚がありました。できないところは一緒に仕事を進めている後輩の男性に助けてもらっていました」

その後、鈴木さんはチームリーダーに昇格するが、時間のやりくりには苦慮している。

「6年前にチームリーダーになりました。なかなかうまくできないなと思っています。5時くらいに帰りますが、仕事量が多いので、持ち帰りで仕事をしないといけないことが多いのです。子どもと一緒に寝落ちしてしまうので、2時、3時に起きて、仕事をしています。特に、この半年くらい忙しいです」

しかし、その上のポジションである、グループリーダーへの昇格については、考え方が変わってきた。

「ちょっと前まではグループリーダー（マネージャー）には絶対になりたくないと思っ

ていました。ただでさえ、こなせていないと思っているところに、もっと仕事が増えたり、責任が重くなったりするのに、私は耐えられないと思っていたからです。でも、子どもがいる同期の女性でグループリーダーになる人が出てきて、やれるかなと思うようになってきました。それから、今の上司を見て、自分が頑張ってこんなふうになれたら素敵だな、かっこいいなと思い、努力してチャレンジしてみようと思い始めました。今の上司は男性。すごく前向きで、仕事を形にして、周りを巻き込んで、推進力がある方。決断がすごく早くて、失敗してもまたやればいいからと、どんどんチャレンジする。周りとの協働関係をちゃんと作って大きな仕事を進めていけるというのが、すごいなと思っています。そういうふうに自分もできるといいなと思っています」

ここまで、マミートラックに陥らなかった事例とマミートラックから脱出した事例を見てきた。いずれも、女性本人の努力によるところが大きいが、上司が背中を押してくれたり、裁量のある仕事をアサインしてくれたり、柔軟な働き方を可能にしてくれることが、マミートラックに陥らないために重要であることが示されている。女性たちが出産後も就業継続するのがやっとである状態から、育児をしながら力を発揮できる状態になるよう、多くの企業が環境を改善していくことが望まれる。

3　初期キャリアが運命の分かれ道？

自分の望むキャリアを歩むために〝できることがたくさんある〟と示すことが、本書の目的の一つである。ここまで、復職直後の乗り切り方や、マミートラックからの脱出について事例を見てきた。この節では、子どもが生まれる前、つまり初期キャリアの仕事経験の重要性についてまとめた。出産・育児を見越して行動している人の事例や、そうでない人の事例を挙げていく。

まず、出産・育児を見越して若手時代を過ごした人たちの事例を紹介する。キャリア意識がかなり高い層ともいえるだろう。もちろん、出産・育児については計画していたからといってその通りになるかどうかはわからない。ただ、備えとして取った行動はその後のキャリアを形成する上で有効に作用しているようだ。

背伸びしながら仕事をする

後藤さん（女性・技術系・子どもあり）は、出産・育児とスキルアップについて、明確なイメージを持って働いていた。

「子どもを産んでも働き続けたいとは学生時代から考えていました。子どもを産むと、どうしてもスキルアップのスピードが落ちると思ったので、子どもを産む前にある程度一人でできるようにスキルを上げようというイメージを持ちながら働いていました。先輩から仕事を教えてもらって、できることは少し背伸びしてでも一人でやってみてと、そういう感じでしたね」

職種の特性もあり、子どもができると自分の時間が減るため、スキルアップのスピードが落ちると後藤さんは考えていた。

「仕事は時間に比例していると思うので、子どもができると時間がかけられなくなるだろうと。何でも最初はわからないから調べてそれを反映させて、でもその解釈が違っていて、みたいなことを繰り返して。最初は回り道しながら、だんだん最短ルートでゴールまで行けるようになるというか。最初から一人では当然できないのですが、矢面に立ってプレゼンをやったり、様々な会議に一人で行ったり。先輩と一緒なら、何かあれば先輩に聞けばいいと思うので気が楽なのですが、一人だと先方からすると、私がプロとして見られるので、厳しい質問を一人で受けて帰ってきたり。そこで試行錯誤したことが今の糧《かて》になっています。なので、今の若手社員は働き方改革で短時間を求められながら、出来ない程度は当時の私たちときっと変わらないと思うので、回り道しながら自分で解決していく力を身に付けることがすごく難しい環境になって、大変だろうなと思います」

後藤さんは「子どもを産むとスキルアップのスピードが落ちる」ということを念頭に、自分のキャリアプランを見通して意欲的に仕事に取り組んだ。企業側もストレッチした仕事を与えることによって後藤さんの意向に沿った育成をしている。後藤さんの職種は特に「仕事のクオリティは時間に比例する」という実感があることから、時間制約に備える気持ちが強かったと推察される。

どのような業界でも、これまでは、若手のうちに時間制限なく仕事に打ち込むことによって成長がはかられた側面があるだろうが、就業時間管理が厳しくなった現在、若手の成長を促す工夫がより重要になってきている。女性リーダーの育成方針として、就業初期の段階で仕事体験を通じて得意分野を増やす「前倒しのキャリア形成」に取り組んでいる企業もあるが、次は自身で「前倒しのキャリア形成」を意識してきた女性を紹介しよう。

チャンスは自ら掴むもの

三浦さん（女性・技術系・子どもあり）は就職時から「結婚も子育てもしたいと思っていましたが、がむしゃらに頑張りたいところもあったので、残業がいやだとは思っていませんでした」と振り返る。

「男性社員は3年とか4年目にその職場に行くのが慣例でした。女性社員はそこには行かず、ずっと社内にいる人が多い。男女で扱いが違うというのは昔ながらの悪いところだったと思います。女性は志願しないと行けなかったのです。会社の考えとして、男性は（その職場は）知っておいた方がいいというのがあって、男性で行かない人は聞いたことがありませんでした。その職場を1回くらいは経験したいと言ったら、希望がかなって、１年半くらい経験させてもらえました」

理解ある上司のもと、三浦さんは念願の職場を経験することができた。

「その職場では、『女の子でそんなのできるのか』と言われたりしましたが、非常にいい経験をしたと思います。その職場でしか見られない、人の動き等も理解することができました。その仕事を経験した後、元の職場に戻りました。元の仕事も、その経験できた職場と関わりがあり、その職場をわかってやるのとそうでないのは違うと思いました。理解が深まったと思いました」

「男性」なら誰でも当たり前に経験できることが「女性」という理由でできないことがあり、そういったことの積み重ねによる経験値の差が、男女の昇進・昇格の差にもつながっている可能性がある。**図3－4**にある通り、男性と比較した仕事経験を見ると、「男性よりも責任

図3－4　【女性】〈男性と比較した仕事経験別〉
現在のマミートラックの状況

▶質問「現在の仕事や今後のキャリアについて、あなたの状況に近い項目を選んでください」に対する回答を集計

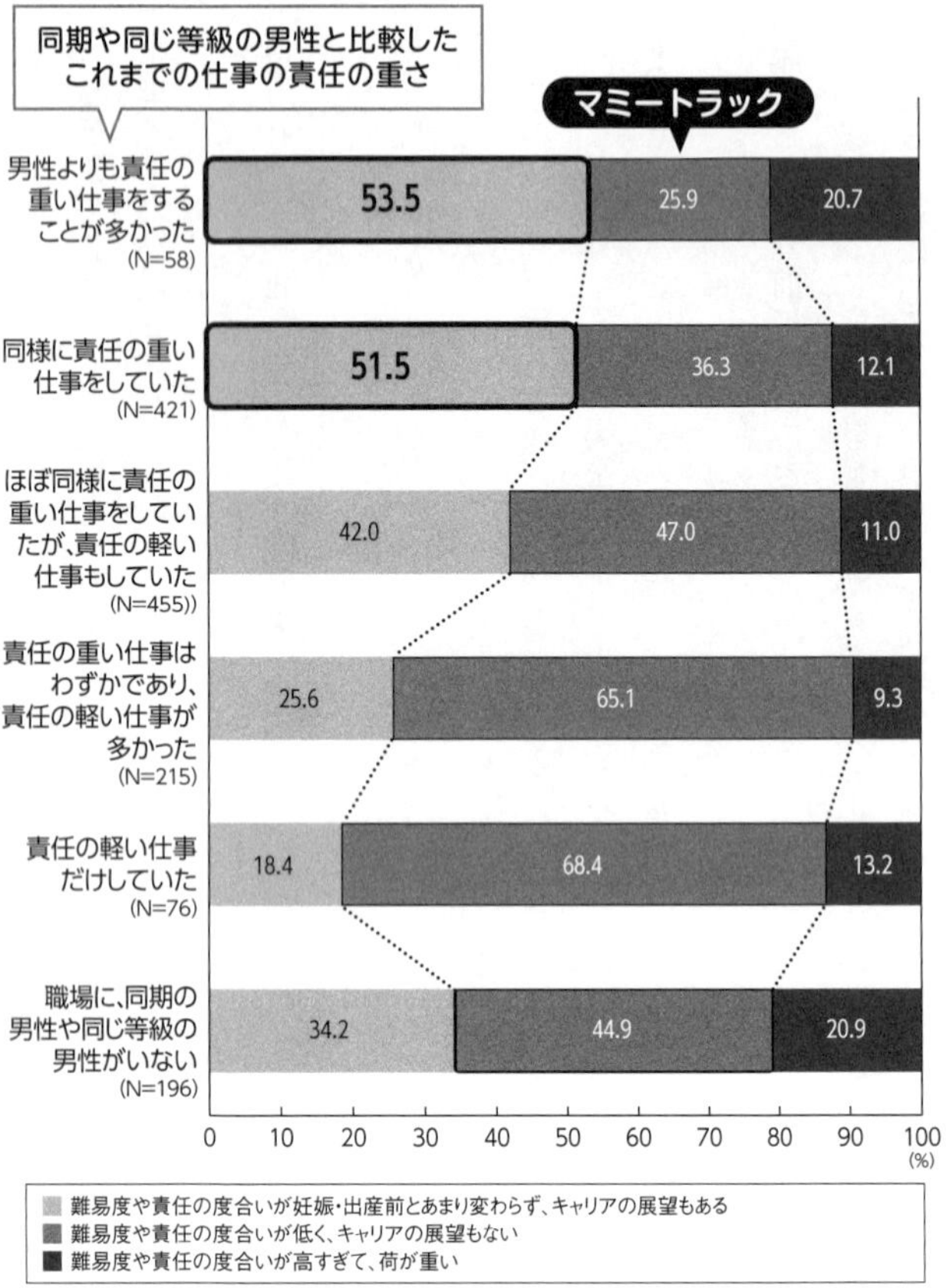

出所／21世紀職業財団「子どものいるミレニアル世代夫婦のキャリア意識に関する調査研究～ともにキャリアを形成するために～」(2022年)

の重い仕事をすることが多かった」「同様に責任の重い仕事をしていた」ではキャリアの展望がある人の割合が半数を超えており、マミートラックにいる人を大きく上回っている。

自ら手を挙げることに、躊躇する人もいるかもしれない。特に、子育て中の場合、自信を持って手を挙げることが難しいと感じる人も多いため、可能な範囲において、子どもを持つことで自由な時間が取れなくなる前に、いろいろな経験を積んでおくことが推奨される。三浦さんの場合は、理解ある上司の存在も重要なポイントだ。また、「チャンスを掴む」というと野心的に聞こえるかもしれないが、まずは「男性なら誰でも経験している仕事や職場」で、「女性」であることが主因で経験できないものがある場合、その理由を改めて問いなおし、行動するとよいのではないだろうか。上司を味方につけられるとなおよいだろう。

妊娠中に昇進試験合格

石川さん（女性・事務系・子どもあり）が就職した頃は、まだまだ家庭と仕事を両立できるような職場環境ではなかったようだ。

「結婚は仕事を続ける・続けないの判断基準には関係ないと思っていたけれど、出産はどうなのかな、と。その当時は出産したらもしかしたら辞めるのではないかという思いはありました。両立って本当にできるのかな？　とか。上の方の働き方を見ても、当時は本当に夜中までやる日が続くこともありましたし、これをやりながら子育てというのがなかなかイメージできませんでした」

専門分野とは異なる意外な異動等も経験したが、上司から「キャリアを積み上げるために違うチームで勉強しなさい」という説明を受け、不安を持ちながらも経験を積んだ。その後、管理職登用試験に推薦された。

「管理職に上がる試験があり、合格しました。論文を書いたり幹部と面接をしたりしました。声がかかるような感じで、『そろそろ受けたらどうかな』と推薦されました。タイミングが出産直前でした。試験は出産の5か月前、昇進は出産の3か月前だったので、このタイミングなんだ、という驚きはありましたが、ポジティブにとらえて、ありがたく受けさせてもらいました。出産して育休を取ると延び延びになってしまうので、そこでやってくれたのかなと思います。出産前でプレッシャーはありましたが、やるしかないという感じで。いつかはやることだろうし、子どもが生まれる前のほうが自分の時間もあるし、いいかなと思いました。年齢的には、同期と同じような時期でした」

家庭と仕事との両立が不安、ましてや管理職になったらもっと不安、ということで、昇進・昇格に前向きになれない人もいる。就職した頃は、両立について不安な気持ちがあった石川さんだが、その不安よりも、自分の時間が取れる子どもが生まれる前に昇進しておいた方がいい、という考えが勝っている。

出産後の不安を先取りして機会を逸してしまうのは残念としか言いようがない。両立が始まってからは様々な困難に直面し、より昇進・昇格することを躊躇してしまう人も多いと思われる。チャンスが巡ってきたのであれば、出産前にチャレンジするほうが、試験対策の時間もしっかり取ることができ、自信を持って臨めるだろう。

石川さんはその後、無事、産休・育休後に職場に復帰し活躍しており、「育休を取ったことがキャリアにとってマイナスになっているとは感じていません」と断言している。

込んでいる。

単身赴任は出産前に

柴田さん（女性・事務系・子どもなし）は、子どもを持つ前に単身赴任をして仕事に打ち込んでいる。

「やりたい仕事の希望を出していたところ、それがかなって異動することになりました。その部署は、転勤しないとできない仕事だったので、単身赴任の打診がありました。打診があった時に夫に相談したら、『したいようにしていいよ、遊びに行くね』と言っていました。会社からは『転勤を断ってもいい、子どものことも考えて夫婦で話し合って決めてよい』と言われました。子どもが生まれたら単身赴任で行くようなことはかなわないだろうし、今しかないなと思い、赴任しました」

インタビュー当時で、柴田さんの単身赴任はすでに3年。子どもを持つ前に単身赴任することで、得難い仕事経験ができている。

次に、結婚や出産を特別に意識した行動をしていなかった人たちの事例を紹介する。管理職の働きかけや裁量のある仕事経験の有効性等に着目してほしい。

ほめる上司にのせられて

中野さん（女性・技術系・子どもあり）は、意外にも「入社の時は3年で辞めて結婚したいと思っていました」と話し始めた。その気持ちはいつ、どのように翻ったのだろうか。

「入社3年目から一人でいろいろ仕事を任されるようになって、楽しくて充実していたので、続けたいと思うようになりました。学生の時まではアルバイトしかしたことがなく、自分で働いて結果を出すという経験がありませんでした。やったことが結果として出てきて評価されることにやりがいを感じたので、続けたいと思うようになりました」

中野さんが仕事を続けようと思うようになったのは大きく2つの理由からだ。

「一番は、自分がついた上司が、とにかくこだわって最後まで成果を出す、という仕事のやり方を教えてくれて、かつそれをやるとすごくほめてくれたことです。やればやるだけほめてくれて、のせられたというのが一つ。もう一つは、そのような仕事の話をダンナとすると、違う世界で働いている人なので、新しい発見がある。こうするといいかも、というアドバイスをしてくれたり、ダンナもほめてくれたり。みんなほめてくれて……うれしくなるので、その影響はあったと思います（笑）。そのアドバイスをまた仕事に活かしたり。プライベートでも仕事の話で盛り上がることがよくあります」

上司やパートナーの働きかけによって、中野さん自身が気づきを得ている。

「知識を得ることや経験を積むことでだんだん視野が広がり、成長できることが面白くなってきた、というのが働き続けようと思った理由かもしれないですね。これをどんどん経験すれば、もっと大きくなれる、3年、4年ではまだまだだな、と思うようになり、働き続けることになった、という感じです」

素晴らしい上司に恵まれ、適切なタイミングで仕事を任され、成果が評価されている。特に上司は言葉に出してほめたことで、中野さんのモチベーションを高めている。

図3-5にあるように、「上司に期待を言葉で伝えられている」場合、「仕事に意欲的に取

図３－５　【女性】〈上司の期待別〉仕事への取り組み

▶質問「あなたは仕事に意欲的に取り組めていますか」に対する回答を集計

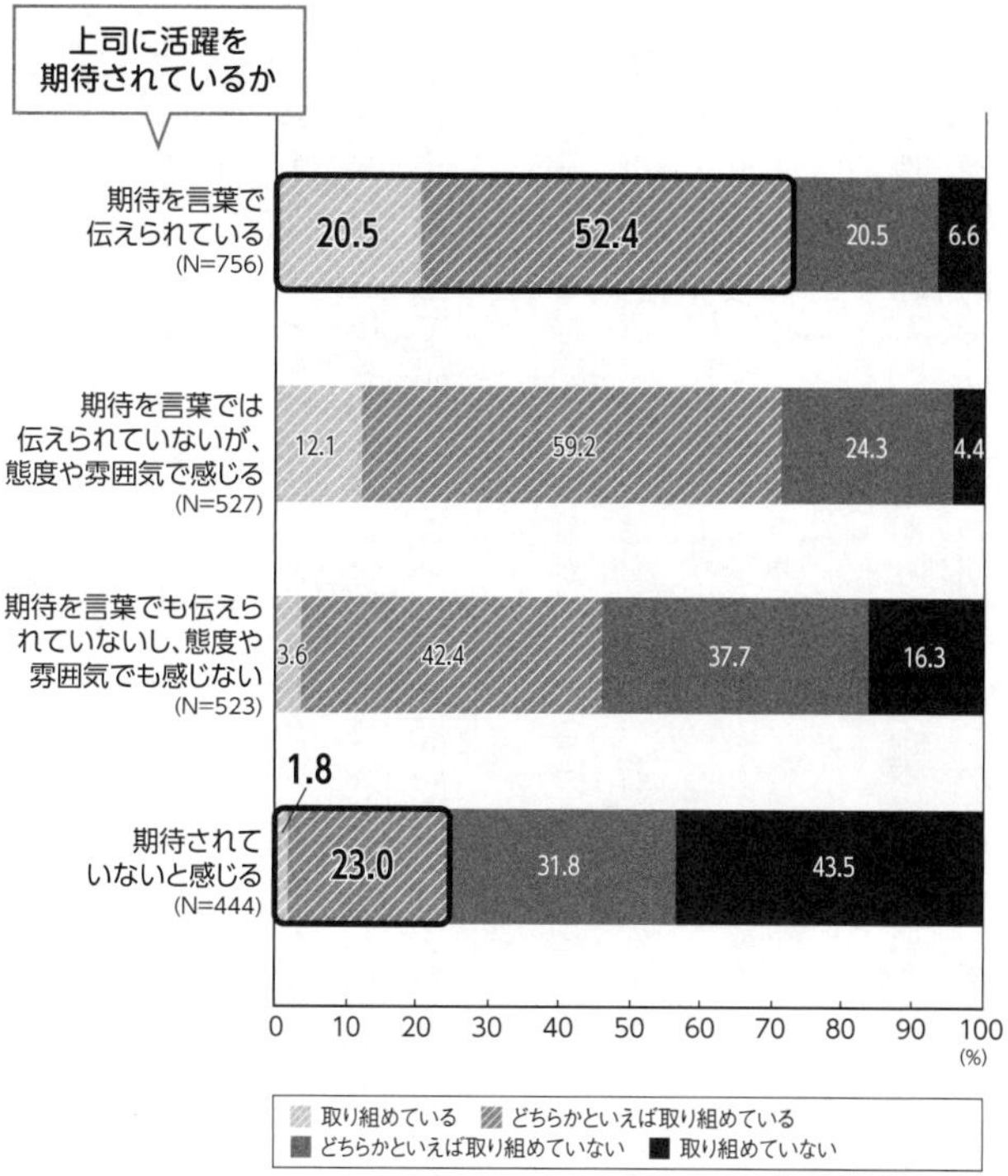

出所／21世紀職業財団「ダイバーシティ＆インクルージョン推進状況調査」(2022年)

り組めている」「どちらかといえば取り組めている」人の割合は72・9％と非常に高い。「期待されていないと感じる」場合、「仕事に意欲的に取り組めている」「どちらかといえば取り組めている」人の割合はわずか24・8％である。

中野さんはパートナーとも仕事について語り合い、アドバイスし合うことによって、視野が広がるなど仕事への好影響があったとも語ってくれた。夫婦がお互いの仕事内容について理解し合い、仕事人として語り合うことは、お互いを尊重する気持ちがベースにあってこそである。

就業初期の段階の仕事経験で、自分が成長できる面白さを実感し、もっと続けたいと思えることは非常に重要である。ここではもう一つ、若手の頃の上司の働きかけによってモチベーションがアップした事例を紹介しよう。

「期待してるよ」の効用

安藤さん（女性・事務系・子どもあり）は、不本意な配属から、社会人キャリアがスタート。しかしその後の異動では、上司の期待がしっかり伝わっていた。

「年に１回のキャリア面談の時などに、部署の会社内での位置づけや役割、そこで私が期待されていることを聞いていました。異動の時はその意味も聞かされましたので、少しキャリアステージが上がった実感を持つことができました。その後、本社に異動しました。結果的にはわかりやすいキャリアのパターンだったと思います。（異動によって）１段ずつ階段を上がるように、見る視点が変わってきた、という感じです。器用なほうではないので、１段ずつというのは振り返るとよかったなと思います」

自分の役割や、異動の意味の説明がなされていること、そしてやはり期待をきちんと伝えられていることによって、キャリアアップの実感を得ることができている。また、キャリアアップの実感があるからこそ、当初はショックを受けていた配属に関しても、そこでその後の異動を含めて、自身の中で納得できるものに変換できているのではないだろうか。

自分がキャリアアップできていると感じるかどうかは、個人によって判断基準が異なる。しかし、多くのケースで、上司がほめて肯定することや、期待している役割を説明することで、自分の判断に自信が持てるようになり、キャリアアップの実感につながる。つまり、キャリアアップの実感を持つためには、就業初期の段階の仕事経験が重要だといえる。もし今、キャリアアップの実感が持てていない人がいたら、まずは上司に自分が期待されている役割を尋ねてみてはどうだろう。

期待を言葉で伝えてくれる上司によってモチベーションがアップした中野さん、安藤さんは、ともにいい上司に恵まれていたが、必ずしもそうした幸運に巡り合えるとは限らない。次は、そういう事例を紹介する。

2年目から「一人部署」を経験

木村さん（女性・事務系・子どもあり）は、2年目から上司どころか、先輩や同僚も次々にいなくなってしまうという大変な経験を語ってくれた。

「新卒で、ある部署のあるチームに配属になりましたが、2年目からほぼ1人で仕事をしなければならない時期がありました。1年目はＯＪＴ[3]がありましたが、2年目に担当替えがあり、前任者はすでに退職、中途採用で上司がやってきましたが、しばらくして退職！　後輩ができても、仕事ができるようになったと思った頃には、後輩は異動してしまい、さらに派遣の方も産休に入られ、なぜか最後はそのラインで１人になるという時期を過ごしました。あまり恵まれていませんでしたが、その分、本来であればもっと上の人がやるべき仕事もできました。事務的な処理や派遣の方の仕事もわかり、一連の仕事の流れがわかったので、その時期があってよかったと思っています。その後は、新しい上司も後輩もできました」

木村さんは、この期間を「いろいろな面で強くなれた時期」と位置付けている。

「今は、資料さえもらっていれば、なんとでもなるという思いがあります。ポストは常に一時的なものなので、『明日引き継ぎなさい』と言われてもできるように準備していなきゃいけないなと、今でも意識しています。いい経験だったと思っています。でも……その間は本当に大変だったと自分で思います」

木村さんは「ひとまず10年は全力で働きたいという思いがありました。自分の仕事としてのキャリアだったり、いろいろなものが見えてきたら、プライベートなことにも視野を広げるイメージを持っていました」と振り返る。

「10年は全力」という覚悟があったから「恵まれない、運が悪い」という状況でも頑張り続けられたということもあるだろうが、結果として若手のうちに「上の人がやるべき仕事」、つまり経験値よりも少し困難な仕事にチャレンジできている。

図3－6にあるように、「上司が日々の業務の中で少し高い目標や経験値より少し困難な仕事を任せてチャレンジさせている」場合、「自分がキャリアアップできていると思う」「どちらかといえばそう思う」割合は68・2％と高い。一方、「チャレンジさせていない上司」の場合の、「自分がキャリアアップできていると思う」「どちらかといえばそう思う」の割合はわずか10・4％にすぎず、チャレンジさせている上司か否かで、非常に大きな差がある。

木村さんの場合は、上司が計画的に育成したわけではなく、様々な不運が重なり新人のうちに裁量を発揮しなければならない状況だったが、結果的に、自身のキャリアアップにつながる経験を得ている。

少し困難な仕事を与えられた経験から、自分もそういったマネジメントを心掛けたいということに思い至っている人もいる。

図3－6　【女性】〈上司がチャレンジさせているかどうか別〉キャリアアップできているか

▶質問「あなたは自分がキャリアアップできていると思いますか」に対する回答を集計

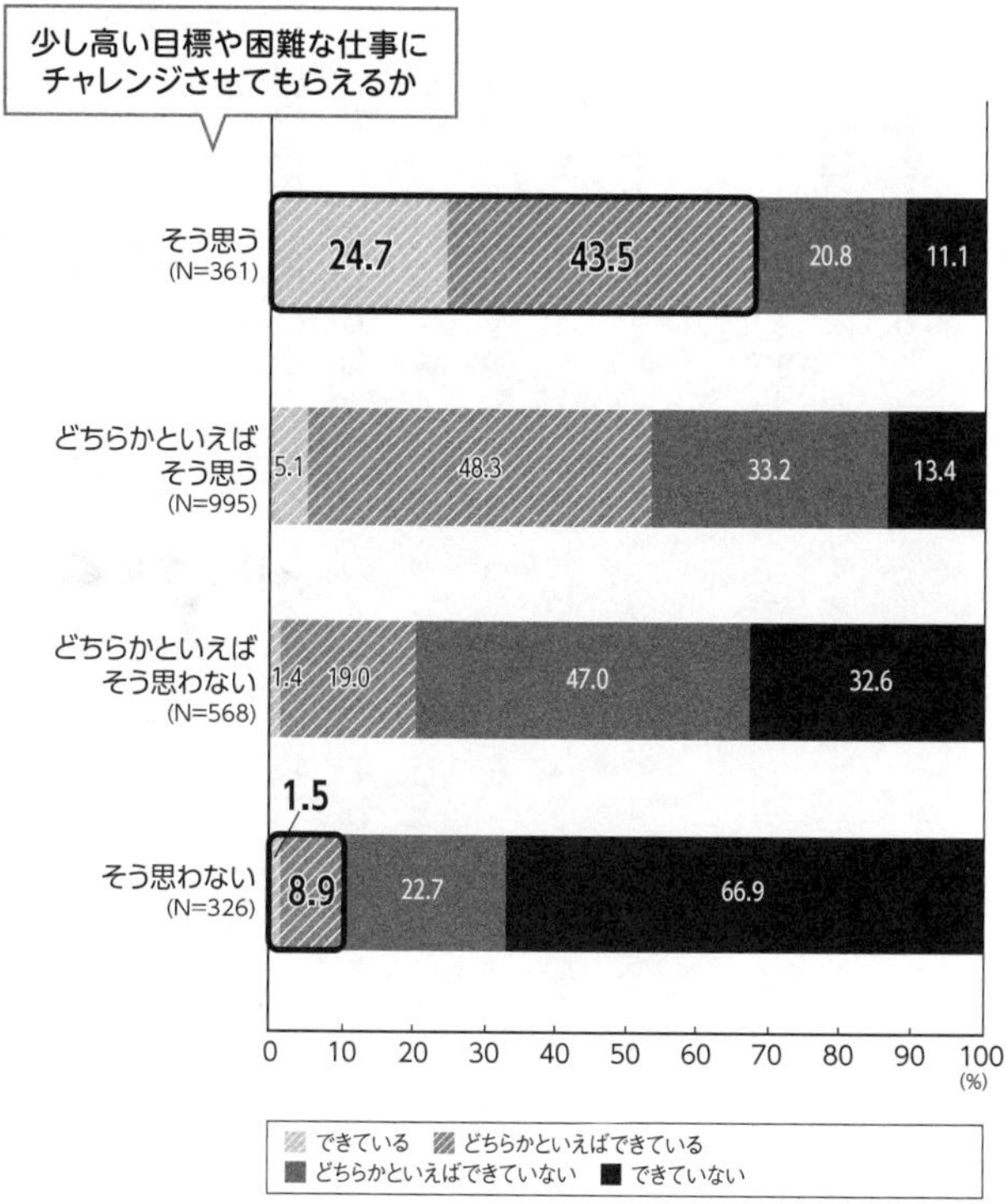

出所／21世紀職業財団「ダイバーシティ＆インクルージョン推進状況調査」(2022年)

子育て中でも難しい仕事をアサイン

阿部さん（女性・事務系・子どもあり）は、夫が単身赴任のためワンオペ育児中で、非常に忙しい日々を送っていたが、難しい仕事をあえてアサインされることがあった。

「業績管理や予算管理の中、プレゼンとか、主担当がやるような仕事を回してくれた先輩がいました。8歳上の女性だったのですが、それまでそういう機会をもらえずに悔しい思いをしていたのか、意識してやってくれました。その分仕事が重くなり、面白くなりました。いつか自分も意識してそういうことを、できるようにならないといけないと思いました。また、『やる？』と言われて任されてから『なんかあったら、困ったら相談して』と言われるのと、いちいち『大丈夫？』と聞かれるのとでは、全然違います」

難しい仕事を任せる時も、声掛け一つでモチベーションが全く異なるということも教えてくれた。両立社員に対しては、悪気はなくても頻繁に声を掛けてしまうことがあるかもしれないが、注意が必要だということがわかる事例だ。

主体的な取り組みでやりがいアップ

内田さん（女性・事務系・子どもあり）は、入社7年目に不本意な異動を経験するが、主体的に企画することで、仕事のやりがいを感じるようになったという。

「新卒で配属された部署での仕事をずっと続けたいと思っていました。私がいないと困る、というような存在になれるように頑張っていました。しかし、プライベートの事情もあって、別の部署に異動になりました。それまでの仕事とは全く違う、社員の支援を主業務とする部署で、別会社に行ったような感覚でした。ですから、当初は全く担当業務に興味が持てませんでしたし、なぜこんな仕事が必要なのかと思っていました」

しかし、実際に施策を打つうちに、困っている社員の役に立ちたいと考えるようになった。

「この部署がなぜ必要なのか背景や課題がわかってきて、この仕事をもっと深めていきたいと思うようになりました。また、異動によって、関係する部署や人間が多種多様になるにつれ、広い世界があることを知りました。それまでは収益管理が主業務だったのですが、社員がいかに力を発揮できる環境にするかということは、企業運営にとって重要な基盤をつくっているのだと気づいたのです。仕事への見方が変わると、新しい領域の仕事を本当に楽しいと思えるようになりました。もっとこういう施策をしたい、こんな情報があればいいとか、施策を打ってはトライアンドエラーをして改善しました。異動前の仕事は自分が主体的にできるところは少なく、主役をサポートするような仕事でしたが、自分が主体的に考えて回していける、自分で企画して、運営するのも自分でやっていけるという環境がそこにはあって、とてもやりがいを感じました」

最初は興味がなかった仕事も、主体的に考えて、トライアンドエラーを繰り返すことができた環境にあったからこそ、やりがいを得られたのではないかと思われる。

一般職から総合職へ

次に、就業初期の段階で一般職から総合職に転換した人の事例を紹介する。吉田さん（女性・事務系・子どもあり）は新卒入社から数年、一般職として働いていた。

「就職活動の時は、営業とか外に出て働くイメージが湧かなくて、どちらかというと自分は社内で事務とかが向いているのかな、と思っていたので、一般職で入社しました。希望していた部署に配属になり、営業担当の男性と一緒に外回りをして、お客さんに直接会って提案することもしていました。電話よりも実際会って話す方が楽しかったです。自分が覚えた知識等でお客様に提案できたり、相談してもらえたりすると、やりがいがありました。他の企業にも同じようなサービス・商品がありますが、私に相談してもらえるとうれしかったです」

吉田さんがすでに総合職に近い仕事をしていたこともあり、上司から総合職への昇格試験を勧められた。当時は地域限定の総合職があり、役職がつく前の段階の昇格であれば、勤務地域も限定されていた。

「地域限定であれば、実家から通える範囲の勤務先になるので、気軽に受けてみました。総合職になってからは、同じような事務をしていても、『後輩の事務作業をチェックできるようになってくれ』というふうに、求められるものが変わってきたと思います」

一般職の社員に対して、本人のやる気を見極めて総合職に近い仕事を与え、総合職の転換を促し、さらに総合職になった後もその職位にふさわしい仕事を与えて育成を続けている、上司のマネジメント力が光る。「育成あってこその転換」である。

吉田さんは、当初は自分を一般職向きだと思っていたが、実際、営業の仕事をしてみるとやりがいを感じることができている。若手のうちは特に、自分自身で枠を決めずに様々な経験をすることも重要だ。

また、子育て中に、通常業務をこなしながら、さらに総合職試験の準備をするのは難しいかもしれない。総合職への転換を考えている人は、出産前に転換しておくのが中長期的なキャリア形成の上では有効なのではないか。

キャリア教育が盛んな現在、すでにキャリアビジョンが明確な人もいるだろう。一方、情報が氾濫する中で、不安要素も多く、キャリアを描けない人も多いだろう。また、先に紹介した事例で見てきたように、上司に恵まれている人もいれば、そうでない人もいる。置かれている職場環境も様々だ。

しかし、多くの人に当てはまるのは、出産前は出産後に比べて、自分の時間がある、ということだ。時間がたくさんあれば、じっくり仕事に向き合うことも、チャレンジングな経験も、多忙な時期よりしやすいだろう。そして何よりキャリアについて深く考えることができる。もしあなたが将来的に出産を考えている女性や、そのパートナーや上司ならば、これからのキャリアを形成していく上で、出産前の貴重な時間を有意義に使うことの重要性を意識しておくとよいかもしれない。

4　自分で仕事を面白くする方法

ここまでは、出産に関連した事例を紹介してきた。一方、時期に関係なく、マミートラックに陥るリスクを低減することができる「考え方」や「発想術」「仕事上のコツ」がある。いずれも些細な「気づき」に近いかもしれない。しかし、それに気づくかどうか、実践するかどうかで、大きな違いが生じるのだ。

ロールモデルになりたい

柴田さん（女性・事務系・子どもなし）は、尊敬する部長と出会えた経験を語ってくれた。

「記憶に残っている仕事は、ある賞に応募する仕事を、女性部長と2人でやったことです。上司と仕事はしたことはありましたが〝部長級〟の人との仕事は初めてでした。部長と一緒に、いろいろな人のところに話を聞きに行ったり、調整したりしました。部長の世代は男性ばかりだったので、話し方にとても気を付けられていました。『男性にきつく言うと不快感を与えるから、やさしく言わないといけない』と言いつつ、自分の主張はする、というやり方を間近で見ました。働くにあたっては、自分がどうしたいかだけでなく、周りからどう思われるかも大事だということや、スムーズに業務を進める方法など、働くうえで大切なことを学びました。また、私から部長に相談は行きにくかったのですが、部長はすごく部下のことを気にして、私が残っていたら『何に困っているの』と声を掛けてくれました。私もこんな人になりたいと思うような、尊敬できる人との仕事は印象に残っていて、仕事を続けるモチベーションにもなっています」

この経験から、柴田さんは将来的に管理職になりたいと考えている。

「偉くなりたいというよりも、上司にすごいやる気にさせてもらったり、つらい時も支えてもらって楽しく働けてきたので、私も後輩にそんなふうにしてあげたいなと思います。私もモデルになれたらと思っています。その部長は海外赴任することになって、家族を帯同して行くようです。私もそういうふうに、（後輩に）新しい働き方とかを見せてあげられるように頑張りたいなと思っています」

尊敬できる上司の仕事ぶりや働き方に接して、「管理職になりたい」「ロールモデルになりたい」と、モチベーションが上がり、前向きに働き続ける糧となっている。ロールモデルがいないない、という人は、パーツモデルでもいい。いいな、と思える部分を自分に取り入れていくことも重要だ。

自分で仕事を面白くする

遠藤さん（女性・技術系・子どもあり）は、周囲に流されず、仕事を工夫して面白さを見出した経験を語ってくれた。

「最初の配属先では複数の企業が参画する大きなプロジェクトに携わり、大学では触れてこなかった様々な分野の業務を学びました。ようやく自分で動けるようになってきて、ここからが本番という時に、女性だからという理由で異動になり不本意でした」

次に配属されたのは、営業的な役割の部署だったという。

「年配の方が多い職場で、あまりモチベーションが高い部署ではありませんでした。本業の営業協力という立場の部署だったので、個人の営業成績は求められませんでした。営業をする中で、お客さんからニーズなどを訊くと、そもそも商品企画が良くなかったことが見えてきました。お客さんからの声を企画側にフィードバックしたいと上司に伝えると、企画会議に呼んでもらえるようになりました。企画側へお客さんのニーズを伝えたり、お客さん目線で自ら提案できるようになってきてからは、仕事が楽しくなってきました。これまで当部署の人が企画側へフィードバックすることはやっていなかったため、新しい取り組みとして認めてもらいました」

遠藤さんは不本意な異動に加え、営業成績が問われない年配の人が多い職場、というモチベーションを保つのが難しそうにも聞こえる環境においても、自発的に仕事の面白さを見出し、積極的に行動した。

図3-7にある通り、「仕事の面白さを感じた経験がない」人では、マミートラックに陥っている割合が58・2%と高い。仕事の面白さを感じる経験は非常に重要である。面白い仕事を与えられるのを待つのではなく、自ら面白くしていくこともできるという好事例である。

異動の意味を考える

藤原さん（女性・技術系・子どもあり）は、希望とは異なる配属になったが、多様なお客様とのやり取り、一点ものの提案を作る難しさ等にやりがいを感じ、仕事に打ち込んでいた。

「35歳くらいまでに3部署を経験しようという、ジョブローテーション制度があり、異動になりました。事前に偉い人4人くらいから、ここに移ってもらおうと言われました。普通は直属の上司だけから話があるのですが、これだけの方々が自分のために時間を割いてくださるのだから、何かあるのだろうと思いました。具体的に異動の目的などは説

図３－７　【女性】〈仕事の面白さを感じた経験別〉
現在のマミートラックの状況

▶質問「現在の仕事や今後のキャリアについて、あなたの状況に近い項目を選んでください」に対する回答を集計

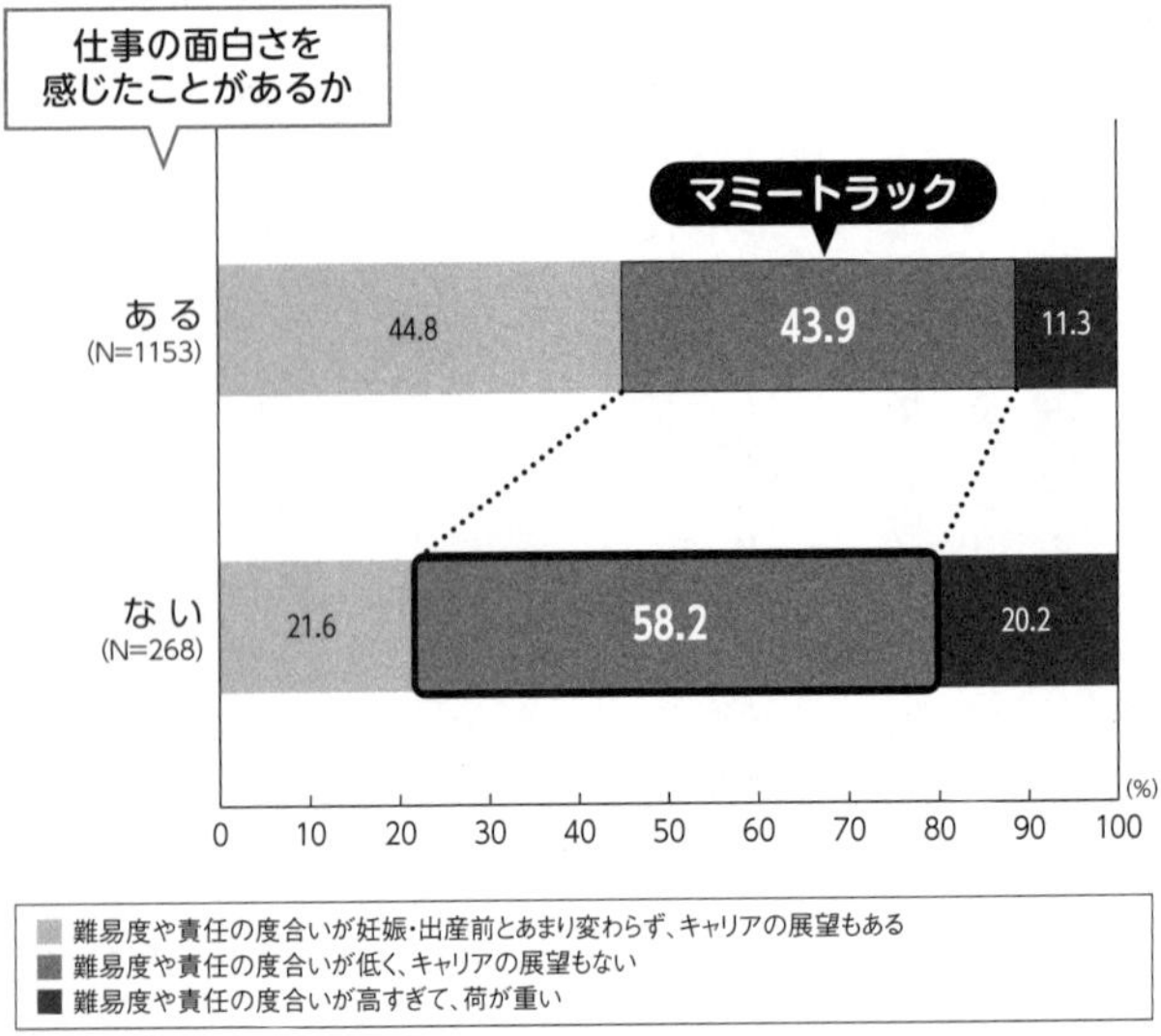

出所／21世紀職業財団「子どものいるミレニアル世代夫婦のキャリア意識に関する調査研究～ともにキャリアを形成するために～」（2022年）

明がなかったので、どういう意図があったのかわかったのは異動した後でした」

具体的な異動の目的はわからなかったものの、偉い方々が時間を割いてくれたことで、藤原さんは、会社からの〝期待〟を感じ取ったのではないだろうか。

「異動する前の最後の方は、すごく大きなプロジェクト一案件だけを2年くらいやり続けていました。その一案件を成就させようということでやっていたので、視野が狭くなっていたのです。異動したのは、鳥の目ではないですが、視野を広げるためだったとわかりました。異動した先は社内がお客さん、という部署で、いろいろなクレームが来たり、調整ごともかなり多かったので、同じ会社で他の人や他の部門がしている仕事がすごくわかるようになりました」

異動の理由や、期待している役割について丁寧に説明してくれる上司ばかりではないのが現実である。異動のタイミングで、その目的を上司に問うてみるのもよい、と先に述べたが、藤原さんのように、自分でじっくりと考えてみることも大切だ。どういった経験が自分に足りていないのか、何を経験すべきなのかという視点で、異動の意味について考えて気づくことによって、より納得度が増すということもあるだろう。

自分がここにいる意味

前田さん（女性・技術系・子どもあり）は資格を活かして働いている。「資格は持っていますが、1年目は教えてもらうことがベース。徐々に経験を重ねて、一般的にはだいたい3年目ぐらいで一人前になります」と語る彼女自身、入社後5年間は同じ職場にいたという。

「希望者はローテーションしますが、希望がなければしません。私は希望せず、同じ部署にいました。とても充実していました。苦労も多かったのですが、そこの部署でまだまだやっていきたいと思っていました。最初は先輩たちが話している意味もわからないのですが、徐々に理解できるようになってくると、自分がいる意味を感じるようになってきました。その積み重ねがあり、失敗もありましたが、達成感がある日々でした」

前田さんは「自分がその職場にいる意味」を「周囲の言葉がわかるようになってきた」こ

とから感じた、と話してくれた。「言葉がわかる」というのは成長の証だが、忙しい日々の中では当たり前に感じてしまうことかもしれない。大きな何かをやり遂げることだけでなく、そういった日常的なことの積み重ねの中での、自分自身の気づきによって得られる成長実感も重要だ。

専門以外の仕事の効用

酒井さん（女性・事務系・子どもあり）は、学生時代に研究していた専門性を活かした仕事ができる企業に就職した。徐々に仕事の幅を広げながら充実した日々を過ごしていたが、結婚がきっかけで異動となった。

「同じ部署内での結婚でした。明文化はされていないのですが、同じフロア内で結婚した場合はどちらかが異動しなければならないという考え方がありました。夫は異動の可能性が高かったので、それを待とうとも考えましたが、その頃は30歳になる前に結婚したかったんです。自分が飛ばされることはわかっていましたが、夫の異動を待たずに結婚しました。転職の検討もしたのですが、上司に引き留めていただいて、残ることにしました。夫と同じ部署はやりづらいとも思っていました」

異動先で活躍している先輩の姿を見たことで、考え方を変えた。

「入社当時にお世話になった先輩が、私の2年前に異動していて、その部署に私も異動することになりました。ずっと同じ仕事を続けたいとも思ってはいましたが、逆にこのきっかけで、もともとの専門性を持ったまま違う仕事をしてみるのも悪くはないのかな、と。先輩社員を追うキャリアパスで、先輩の異動後のご活躍も聞いていましたし、いろいろ相談した時に『こっちに来る気がないか』とお声掛けをいただいたこともありました。異動する前の仕事は専門性が高いがゆえに、会社の全体は見られていませんでした。異動先は統括するような部署だったので、自分がやっていたようなマニアックな分野だけでなく、全体として当社がどうなのかが見られるようになりました。後から振り返ると、キャリアパスの観点からはよかったと思っています。その後さらに異動になって、現在は自分の専門性を役立てる部署にいます」

酒井さんは、自身の「専門性」（＝強み）を軸に、キャリアを考えている。その上で、「〝専門性〟を違う分野で活用するのも悪くない」という柔軟な考え方が、その後のキャリアを拓いている。さらに、異動によって、専門性があるがゆえに見えなくなっていた〝全体〟をみることができるようになったと振り返っている。結果的に、酒井さんは自身の強みをより強固なものにすることができたのではないか。

第3章のまとめ

残念ながら、「これさえやればキャリアロスしない」「マミートラックに入らない」というような決定的な方法はない。本章で紹介した事例は、自分の心がけ次第でできることから、少し勇気が必要なことまで様々だ。女性読者は自身の置かれている環境や悩みと照らし合わせて、できることから取り入れてみてほしい。

また、若手部下を持つ管理職の方は、自身のちょっとした声掛けで部下のマミートラックを回避できることもあるので、ぜひ気を付けてみてほしい。

1 労働基準法第67条（育児時間）「生後満1年に達しない生児を育てる女性は、第34条の休憩時間のほか、1日2回各々少なくとも30分、その生児を育てるための時間を請求することができる」

2 「第一子出産後復帰した時の仕事や今後のキャリアについて、あなたの状況に近い項目を選んでください」に対して「難易度や責任の度合いが低く、キャリアの展望もなかった（＝マミートラック）」を選択した人の、「現在の仕事や今後のキャリアについて、あなたの状況に近い項目を選んでください」という設問の回答は以下の通りだった。「難易度や責任の度合いが低く、キャリアの展望もない（＝マミートラック）」70・0％、「難易度や責任の度合いが妊娠・出産前とあまり変わらず、キャリアの展望もある」22・1％、「難易度や責任の度合いが高すぎて、荷が重い」7・9％（財団ミレニアル世代夫婦調査）

3 On the Job Training の略。職場の上司や先輩が、実際の仕事を通じて部下や後輩を指導し、知識や技術を教える教育方法。

第4章

夫婦の場合

男女ともにキャリアを形成するために

1　パートナー選び

「キャリアを左右するような最も重要な決断を一つ挙げろと言われたら、私なら結婚と答えるだろう。結婚すると決めること、そしてそれがどんな相手かということは、決定的に重要だ」

これは、アメリカ合衆国財務省主席補佐官、グーグル副社長等を経て、フェイスブック（現メタ）のＣＯＯ（最高執行責任者）を２０２２年6月まで務めていたシェリル・サンドバーグの自伝的著書『ＬＥＡＮ　ＩＮ　女性、仕事、リーダーへの意欲』（日本経済新聞出版社／２０１３年）からの引用である。

同じ質問を男性にしたら何を挙げるだろうか。〝パートナー選び〟が自身のキャリア形成にとっていかに重要であるかに言及するのは、女性ならではかもしれない。

さらにシェリル・サンドバーグは「家庭を築き、仕事も続けたいなら、対等のパートナーになれる人を探すことである。女性は自分の意見をもち、聡明で意欲的であるべきだと考えている男性、公平であろうとし、家庭でも自分の役割を果たすべきだと、いや果たしたいと考える男性である。そういう男性は必ずいる」と述べている。

ここまでの章では一貫して、男女ともにキャリアを形成することの重要性を述べているが、それは日本では容易なことではないのが現状だ。夫婦の目指すキャリアタイプについてのアンケート結果（**図４-１**）では、男性は「（夫婦）お互い、キャリアアップを目指していく」が41・４％と最も多かったが、女性は「配偶者のキャリアを優先していく」が55・２％と半数を超えている。

男性の約４割も「お互い、キャリアアップを目指していく」という気持ちがあるのは日本の男性としては意外とも思えるが、ミレニアル世代らしい結果ともいえる。その実現のために、配偶者の家事・育児負担を減らす等の行動に移しているとよいのだが、残念ながら、その思いは思いのままである人の方がまだまだ多い！

逆に、女性の半数が「配偶者のキャリア優先」というのは、現実的な回答なのであろう。女性たちの中には「配偶者のキャリア優先」を望んでいなくても、そうせざるを得ない状況に置かれている人もいると推察される。

また、男性においては、「二人ともキャリアアップは目指さない」という人の割合が17・２％と、女性を大きく上回っている。女性は出産・育児の関係から、キャリアを考えざるを

図4－1 〈男女別〉夫婦の目指すキャリアタイプ

▶質問「あなたと配偶者はどのタイプを目指していますか」に対する回答を集計

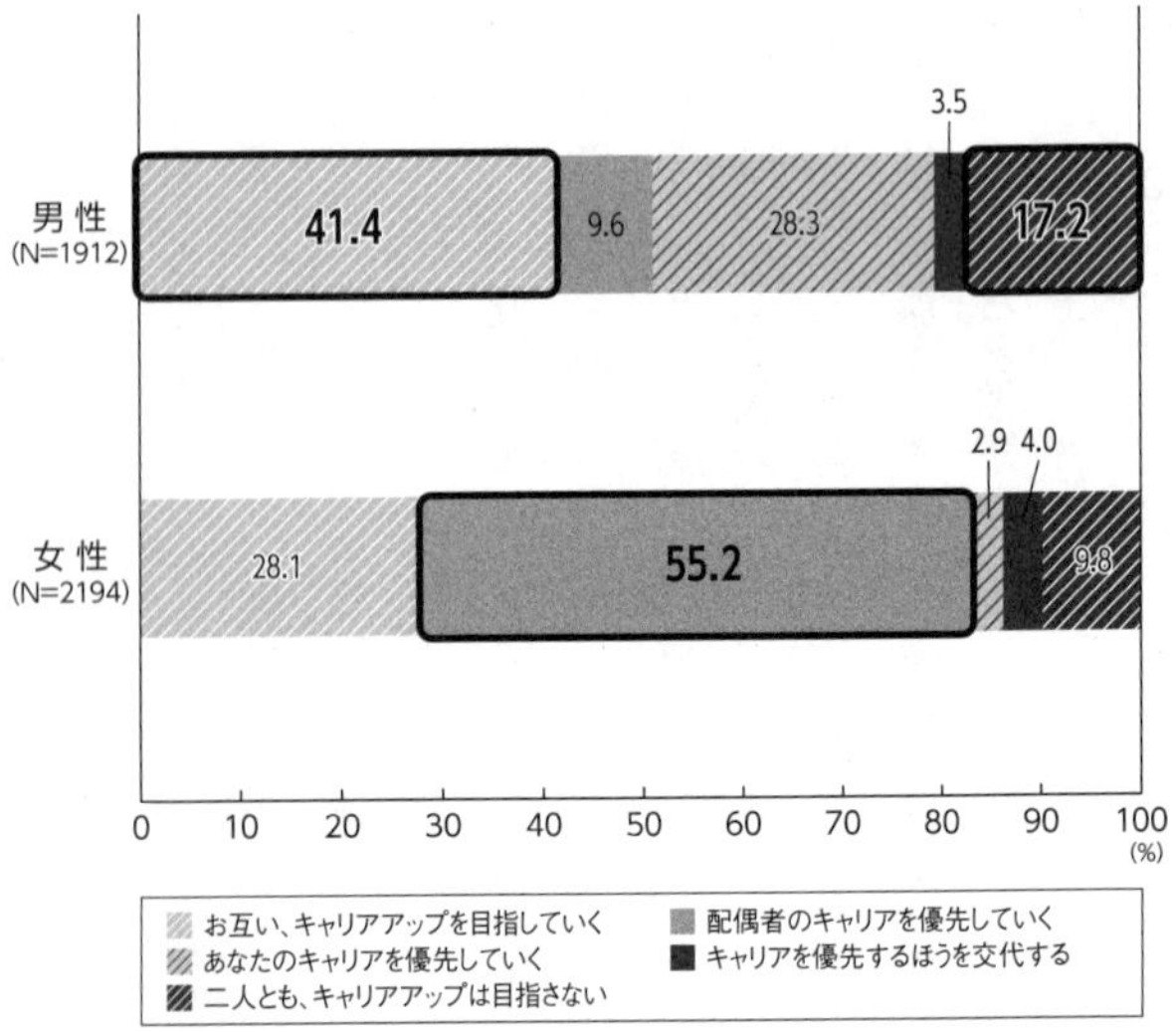

出所／21世紀職業財団「子どものいるミレニアル世代夫婦のキャリア意識に関する調査研究～ともにキャリアを形成するために～」（2022年）

得ない状況に置かれることもある。一方、男性はそのようなキャリアに影響を及ぼすことが少ないことや、女性に比べ先輩社員が大勢いるのでキャリアの道筋も見えやすく、キャリアについて深く考える機会を得ずに過ごしてしまう人もいるようだ。

男女それぞれのキャリア形成のための努力や工夫は、これまでの章で紹介してきた。この章では、「家族」の幸せのために「夫婦」というチームで取り組むことの重要性をお伝えしたい。「お互い、キャリアアップを目指していく」カップルを増やすこと、そのためには夫婦がお互いに理解し、尊重し、協力し合うことが不可欠だ。

夫婦で異なる仕事内容、会社の制度や風土をふまえ、家事・育児も納得いくように行うには、夫婦一緒に戦略を立てる必要がある。「家族」の幸せを考えるのであれば、家族の誰か一人に我慢や諦めを強いるものであってはならない。

妻のキャリアアップを応援する夫

妻の能力に対して尊敬の念を持って背中を押しているのが佐藤さん（男性・事務系・子どもあり）だ。根底には、夫婦は対等であり、キャリアを追い求めることに性差はないという思いがある。

佐藤さんは、1社目で担当することになった仕事の専門性を活かし、その後もスキルを積み重ねて転職、現在3社目である。自身のキャリア自律と重ね合わせ、妻のキャリアについても積極的に応援する姿勢が印象的だ。

「私は、専門性を持って能力を発揮し、しっかりお給料をもらって、その能力を社会に還元できる人が一人前と考えています。妻はまさにそういう人だったので、社会に還元していったらいいと思っていました。妻にもそう話していました。もともと、共働きをしたいと言ったのは私の方でした。妻は辞めてもいいというスタンスでしたが、自分が共働きをしたいと言い出しているので、妻が気持ちよく働けるように用意をするところは私がしっかりとやらなければならないと思っていました。仕事は楽しいよ、女性の活躍はいいと思うよと伝え、妻は働き続けることになりました」

佐藤さんの後押しに加え、妻自身にも気持ちが変わるきっかけがあったようだ。

「妻も会社の女性活躍推進プログラムに入って、他の優秀な女性たちにとても感化され、管理職になりたいと言っていました。その実現のために、妻は育休からの復職タイミングもしっかり考えていました。復帰を他の人の異動時期に合わせて、引き継ぎがスムーズになるようにしていて、そこまで考えているところは、すごいなと思いました」

妻の復帰に合わせ、佐藤さんもしっかりと育児を担っている。

「妻が、職場復帰前に保育園に入れたいと言ったので、自分の会社が提携する保育園に入れました。その期間の送り迎えはほとんど自分がしました。融通が利く会社だったので、できました。妻の復帰後は、延長保育がしやすい保育園に入れました。その時も、基本的に自分が送り８割、迎えは５割以上していました。料理や寝かしつけもやっていました」

佐藤さんは、常日頃から自身のキャリアを考えているので、妻のキャリアや生き方についても考えることができるのだろう。妻の将来を考え、自分の役割を理解し、自発的に行動するという男性がもっと増えることを期待したい。

ワンオペで家事・育児する夫

高木さん（男性・事務系・子どもあり）夫婦は、子育てをする共働き夫婦の中でも稀有《けう》な存在だ。高木さんが転勤になった時は単身赴任をし、妻が育児のすべてを担った。その後、妻の転勤が決まった時、今度は高木さんがワンオペで家事・育児をすることにした。夫婦のキャリアをつなぐため、夫婦ともにワンオペを経験しているという意味で、とても珍しい存在なのだ。そこには、妻の仕事をしたいという熱い思いと、その思いを尊重した高木さんの強い意志がある。

「自分が単身赴任から戻ったら『逆でやろうね』という話を夫婦でしていました。自分が単身赴任の時は妻がワンオペで育児をしていたので、仕事にだいぶ制約がありました。『時間の制約がある人にはなかなか仕事がこない』という愚痴はよく聞いていて、妻のキャリアが少し遅れているというのも事実でした。働きたいという思いがあるのはわかっていたので、『逆でやろうね』という話になりました。単身赴任から戻ってからは、基本は保育園の送りは妻、自分は朝早く会社に行って定時にあがって迎えに行き、帰宅してからのことも全部やっていました。一般的には、夫が朝送って残業をして、妻が定時にあがって迎えに行くのが多いと思いますが、うちは逆。妻は時間の制約なく働けるし、飲みにも行けます。自分が出張や遅くなる時は妻と調整しています」

そう語る高木さんも、最初から共働きや育児について考えていたわけではなかったと言う。

「妻に少しずつ意識を変えられたと思います。初めから意識を持って共働きに向き合っていたわけではなかったのです。最初は『手伝っている意識』も強く、妻からも指摘されていましたし、私の妻は自分が働きたいという意志をしっかりと持っていたので、女性がきちんと働いていくために自分がどうするべきか、そういった部分を色々と話し合う中で、自分の意識が大きく変わったと思います。いろんな情報も妻からもらいましたし、間違いなく価値観が変わってきました」

高木さんが価値観を変えた根底には、妻への尊敬がある。

「自分から見ても妻はとても優秀ですし、働いた方がいいと思っています。妻からは、現場経験がないとなかなか上に行けないという話を聞いていました。転勤の話が出たときに、前々から本人も行きたいと言っていましたし、ちょうど自分の実家に近いところに引っ越したタイミングでした。何かあったら親に頼れるという算段もあって、今度は自分がワンオペで家事・育児をするのも大丈夫ではないかと思って『いいよ』と言いました。子どもも10歳と6歳になっていたので、妻が経験した6年前の、子どもが小さい時のワンオペとは違います。同じワンオペですが、子どもの年齢によって負荷は違うと思います」

こうして、高木さんのワンオペ生活が始まった。もともと、家事は苦手ではないという。

「前から料理はやっていたので、そこは自分の中でネガティブではなかったです。言い方は悪いですが、適当でいいやと。ワンオペは時間がないので、クリーニングは出そう、宅配を頼もうなど、お金を時間に換えられるところは換えるなど、自分の中で割り切っています。ありがたいことに近所の学童も8時くらいまでは預かってくれます。どうしても時は家に仕事を持って帰ります。出張の時や明らかに帰宅が遅い日が月に数回あるので、母にお願いしていますが、基本的には自分でやっています。子どもの習い事、学校行事、旗振り当番など、いろいろなことをコントロールしないといけないので、そういう難しさはあります。ＰＴＡの副会長も2年やりました。それはそれで面白かったです。学校の先生と知り合いになるので、気軽に電話ができましたし、地域の知り合いの方も増えました」

ワンオペ生活の悲壮感というより、むしろ達成感を感じる話しぶりである。仕事への影響はどうであろうか。

「職場には、夫婦で働いている人も、育児に関わっている人もいます。男性のワンオペは会社の中で他にいないでしょうが、上司は理解してくれる人なので、そこは大丈夫。仕事をきちんとやっていれば、批判する人は特にいません。キャリアに今のところ悪い影響はないです。いい影響でいうと、今後、働きながら子育てする女性が増えてくると思いますが、自分が体験しているので、他の男性社員よりはその立場で考えられると思います。妻からも、そういう経験がある上司は育児中の部下にとっては安心感があり、利点になるよと言われます」

共働き夫婦がともにキャリアを形成していくことは、決して容易ではない。特にどちらかが転勤になると、妻がキャリアを断念してついて行くということも多いだろう。せっかく築いてきたキャリアを断絶させられるのがいつも女性であることに疑問を持ち、自分も同じ立場でやってみようと思う高木さんのような男性が増えることを願う。そして企業にも、幼少期の子どもを抱える家族に対する転勤回避など、柔軟な対応を検討してほしい。

また、相手への思いやりや尊敬をストレートに表現し、行動に移すところは、ミレニアル世代の男性の特徴の一つかもしれない。上の世代にはなかなか見られなかった傾向だ。

今回のインタビューでは、夫が日頃から抱いている妻への思いや、妻に対する思いやりの言葉が、他の回答者からもたくさん聞かれた。その一部を紹介しよう。

妻の思いを最優先する夫

田中さん（男性・技術系・子どもあり）は結婚前に、妻とお互いの夢を語り合っていたそうだ。

「結婚相手に対して条件は特になく、自分が好きなことをやってもらえればよいかな、と思っていました。相手の夢に共感できたので、実現できたらいいな、と思いました」

こんな素直な思いが、実は妻への大きな後押しになっている。共働きを実行するということよりも、どんな形でも妻の気持ちを優先して応援するというスタンスを貫いているのが山田さん（男性・事務系・子どもあり）だ。

「本人がやりたいことができれば、どんな形でも良いと思いました。バリバリ働きたいと言えばサポートするし、専業主婦になるのならそれも良い、と言いました。どんな形でも応援すると言いました。自分の思いを通したいために嫁さんに何か気を遣わすのはいやなのです。自分がやりたいことをやれるのが一番。心が健康なのが一番」

働くことを選ぶ妻に対し、「自分が選択したことだから家事・育児も妻の責任」と言う夫もいる中、どんな選択肢も受け入れて応援する夫は、キャリアを築きたい妻にとって、頼もしい存在だろう。妻が幸せになることが自分の幸せにつながると考える男性がもっと増えると、妻のキャリア形成のハードルはもっと下がるかもしれない。

「専業主婦」を望んでいた夫の変化

妻が専業主婦になることを望んでいた夫が、専業主夫のエピソードを知り、妻のキャリアに関心を持ち始め応援した事例もある。柴田さん（女性・事務系・子どもなし）は「ずっと働き続けたいと思っていました。母は看護師で手に職をつけ、自分でしたいことをして生きていたのを見てきました。自分も自分らしく生きたくて、自分で生計を立てられるところということを考えて会社を選びました」という女性である。しかし、柴田さんの夫は当初、妻は専業主婦になるものだと考えていた。

「最初、夫からは家に入ってほしいと言われて、どうしようかなと思っていました。夫がある日、専業主夫の人が書いたコラムを読み、夫が奥さんを応援しているケースがあることを知り、考えが変わったようです。夫は、夫が妻を応援するということは考えてもいなかったのです。コラムを読んで改心したようです。私が働きたいと言ったら、やりたいことはやっていいと言うようになりました」

また、妻の上司からのコメントも、夫には効いたようだ。

「私と私の上司、そして夫を交えてご飯に行くことがありました。そこで上司が、私が仕事を頑張っているとか、本社に行かせたいとか、もっと出来ると思うというようなことを、夫に言ってくれたのです」

妻の働きたい気持ちに寄り添うようになった夫は、妻の指導を仰ぎ、時には喧嘩もしながら家事をやり始めた。今では、子どもが出来た後の夫婦のキャリアについてもよく話し合い、その時には夫が１年間の育休を取ると言うまでになったという。

夫婦の価値観が違うのは当然といえば当然だが、価値観を共有して同じ方向を見る努力は必要である。時には摩擦もあるだろうが、しっかり話し合い、配偶者に自身の最大のサポーターになってもらえれば、こんなに心強いことはないであろう。

「共働きのほうが自然」な世代

第1章で述べたように、ミレニアル世代の男性の7割近くが「育児は妻も夫も同じようにするべき」と回答している。共働きを前提とする夫婦が増えていることの証だろう。インタビューをした男性の中でも、共働きは当然のこととして受け止めている人は多数見られた。西村さん（男性・事務系・子どもあり）は、共働きはむしろ自然なことと言う。

「結婚する時に、お互いの仕事を続けることは確認しました。時代が時代なので、家事・育児をどちらか一方がやるという考え方もありませんでした。私の母も働いていたし、それが自然でした。2人とも働き続けているほうが自然なことだと思います」

家庭の教育から影響を受けた上田さん（男性・技術系・子どもあり）はこう回顧した。

「母親から、男の子も家事ができないと結婚できない時代になる、と小さい頃から言われてきました。だから共働きは当然と思っていました」

山下さん（男性・事務系・子どもなし）は、自立をしている女性との結婚を望んでいた。

「専業主婦ではなくて、仕事を持っている、稼ぎを持っている方と結婚して、生活をともにしたいと思っていました。何があるかわからないので、自分の力で生きていくことを前提としている人の方が、依存関係ではなくパートナーの関係で結婚生活を送れるのではないかと思いました。家庭だけの人生にしてほしくないという要望もありました」

先行き不透明な現代だからこその思いもあるだろう。竹内さん（男性・事務系・子どもあり）も、2人で働いていた方が安心・安全という思いで、妻の就業継続を望んでいる一人だ。

「結婚の際に、妻には仕事は続けてほしいというのはお願いしていました。2人で働いていた方が安心・安全につながると思ったからです。妻の仕事への意気込みを聞いていたので、自分の中で達成したいものは続けてほしいと思い、ぜひ続けてくださいとお願いしました」

妻の仕事に対する気持ちも十分に汲んでの共働き志向である。また、宮崎さん（男性・事務系・子どもあり）は、働いている人は魅力的であるからという考えから、妻の就業継続を望んでいる男性だ。

「妻とは、子どもが生まれたら辞めるという話をしたことがないです。就業継続は共通の前提としてあったと思います。私は働き続ける人と結婚したいと思っていました。何かを目指して外に出て行っている人の方が魅力を感じるからなのか、あるいはすごく先のことを見越して収入が多い方がいいと思ったのかはわかりませんが、多分前者のほうがメインで後者の要素も考えていたと思います」

妻が働くことに対しての思いや背景は人それぞれだが、妻の働く意欲に突き動かされて共働きを肯定している男性も多いことにも着目したい。最後に、「家族」の幸せのために、「夫婦」というチームで取り組む女性たちの思いを紹介したい。

育児は２人で

内田さん（女性・事務系・子どもあり）は、「育児は２人でしたい」と考えている。

「昔は、１人でできると思っていましたが、復帰後すぐに自分はスーパーマンではないとわかりました。今は、子どもと自分の精神衛生のためにも、夫婦２人で育児をしています。保育園の送り迎えは私ですが、夫も私たちが帰宅した後、30分～１時間ほどで帰宅します。どちらにも過度な負担にならないように、家事・育児を分担しています。私は仕事柄、遅くまで残業する日が月に数回ありますが、そういう時は、お迎えから帰宅後のことも全て、彼にやってもらいます。私が残業必至の時は、彼が融通を利かせてくれています。保育園の面談には２人で参加しています。２人で迎えに行くと子どもはとても喜びます。仕事で子どもの時間を犠牲にしていると思うこともありますが、こうやって２人で迎えに行って喜ぶ姿を見ることは、私なりの幸せの作り方です」

金子さん（女性・事務系・子どもあり）は、夫が海外赴任するという時に妊娠したので、育休を長めに取り、親子３人での海外での暮らしを選択した。キャリアにはマイナスになると思いつつも、夫に帯同して長く育休を取った理由をこう語る。

「海外生活で新しい価値観を身に付ければいいと思いました。長い人生で見たら、なかなかできない経験なので。夫が単身赴任で自分だけが育児というのは考えられませんでした。ワンオペがつらそうだからではなくて、男性のほうが女性より親になるのに時間がかかると思ったからです。離れて暮らすと、夫が親になる機会を逸してしまい、子どもにとっても良くないし、夫婦関係上も良くないと思いました」

「男性のほうが女性より親になるのに時間がかかる」という考え方に、共感する人も多いのではないだろうか。なぜ男性も育児休業を取得した方がよいのか、答えはここにあるのではないか。

今後、共働きを当然と捉える男性は確実に増えていくだろう。男性には、働く妻に対してどういう環境を作れるか考えてもらいたい。それはつまり、男性自身がどれだけ育児を担うかを真剣に考えるということである。それと同時に、女性は夫に、自分のキャリア展望を伝えられるよう自身のキャリアについてよく考えてもらいたい。そして家庭のために女性だけが諦めるのではなく、夫婦で納得のいく共働き像を目指してほしい。

2　夫婦で「チーム」の戦略を練る

ミレニアル世代には、共働きを自然に受け入れている男性が多いことを紹介してきたが、夫婦間での家事・育児分担はスムーズにできていたのであろうか。ここからは、自分たちにとって最適な家事・育児の形を、試行錯誤しながら模索してきた事例を紹介したい。

本音は「妻の機嫌を損ねたくない」

山崎さん（男性・技術系・子どもなし）はもともと、家事はしていなかったが、現在は妻の機嫌を損なわないように、仕方なく炊事をやっていると、正直に語ってくれた。

「結婚後、家事は全然していませんでした。両親も共働きでしたが、母親がすべてやっていました。それが普通だと思っていました。当時は、妻が渋々していましたが、喧嘩も多かったです。それから少しずつ自分もやり始めました。独身時代は寮だったので、炊事経験がなく、最初は炊事が結構大変でした。なぜやるようになったのかというと、やらないと妻の機嫌が悪くなり、火消しが大変なのです。それで自分がやるようになりました。仕方なしに、というのが本音ですね」

この本音には、シンパシーを感じる男性も多いかもしれない。本音はいろいろあるだろうが、喧嘩もしながら今の状況を作り上げている努力がうかがわれる。

それぞれの夫婦の最適解

最初は妻に怒られたと明かしてくれたのは、岡本さん（男性・技術系・子どもあり）だ。

「子どものお風呂、寝かしつけ、洗い物が自分の仕事でした。慣れればどうということはないです。当初は喧嘩もしましたが、今は落ち着きました。休日のご飯、ごみ捨ての当番は当初は私の仕事ではなかったのですが、妻が仕事に復帰するときに、『やってね』と言われました。最初はやったりやらなかったりして、途中から怒られてやるようになりました。喧嘩して折衝《せっしょう》して、お互いに折れたという感じです」

石井さん（女性・技術系・子どもあり）も、夫との話し合いには苦労したようだ。「復帰直後はほとんど、近くに住んでいる私の親と私で家事・育児をしていました。夫は協力的ではなくて、その後も私中心でしていました。私はそれまで内勤だったのですが、外に出る部署に異動すると家のことが回らなくなって、夫が本格的にやってくれる、協力してくれるようになりました」と語ってくれた。そうなるまでには、喧嘩もあったという。

「夫婦で相談というか、喧嘩は結構しました。異動したいから協力してほしい、と結構ぶつかり合いがありました。夫は分担を嫌がるわけではなく、言えばやってくれますが、自分からという感じではありませんでした。夫は夫で、すでに協力しているという意識だったと思います。自分はやっているのにもかかわらず、やっていないみたいに言われるのがいやなんだろうなと思いました。気づかないのかな？　気づかないんでしょうね。当時は同じ立場なのにどうして言わないといけないのかな、という思いがありました。一人で子どもを作ったわけじゃないのにとか、共働きなのにとか思っていました。今は満足いくくらいの分担になっています。そこに至るまでがいろいろありました」

田村さん（女性・事務系・子どもあり）の夫は、出張が非常に多かった。

「朝から子どもが眠るまで一人で見ていました。ワンオペでした。主人が出張で2週間いなくて、つらいなという時は自分の実家に帰っていました。出張がなくて帰宅する日でも、主人がやるのはお風呂に入れるぐらいでした」

しかし、そもそも夫は協力的な態度だった。田村さん自身にも反省点があるという。

「夫は『何かやろうか』『今何をしたらいい』と聞いてくれるのですが、自分がうまくお願いできなかったのが反省点です。自分に余裕があって、『こうやるんだよ』と教えられたらよかったのですが、昼間のワンオペで疲れていて、『そこに書いてあるじゃん』と厳しくあたっていました。主人は一人暮らしも長かったので、一通りの家事はできます。でも、子どもを育てながらの家事だと、優先順位があるので、『なんで今そっちをやってるの？』ということもありました。『見たら何をしてほしいかわかるじゃん』『時間帯と、もう一人がやっていることを見れば、これをやるのかというのがわかるでしょ』と言っていたのですが、夫は『同じものを見ても同じ解釈ができないから教えてほしい』と根気よく聞いてきました。『イライラしているのはわかるが、どうしてなのか説明して』と言われました。そうして説明しているうちに、できるようになってきました。話しやすいように、聞くようにしてくれていました」

妻の厳しい態度に逆ギレしたり放置したりすることなく、根気よくロジカルに質問を続け、家事・育児をやろうと取り組む夫は、ミレニアル世代の男性らしい姿といえるかもしれない。

妻が残業のときに家事・育児を担当している竹内さん（男性・事務系・子どもあり）は、料理が苦手な男性だ。自分が苦手とすることに配慮してくれる妻に感謝していると明かす。

「妻が残業という時はワンオペでしたが、妻の配慮はすごくありました。夕飯は温めればよいように準備してくれていたのです。自分は簡単なものしか作れないので、先回りして作ってくれていました。それは助かっています。今でも、帰りが遅くなる時や家を空けないといけない時は、『これ焼いてくれればいいから』と作っておいてくれています。ご飯やお味噌汁や副菜は簡単にできるので、メインのおかずがあるのは助かります。もし、一から夕飯の献立のことを考えなければいけなかったら大変ですから」

お互いの得手・不得手をよく理解しながら、協力し合っている事例である。また、妻への感謝の気持ちも相互理解には欠かすことができない点であろう。

西村さん（男性・事務系・子どもあり）夫婦は、夫婦会議で分担を決めるスタイルだ。

「お互い仕事を続けることは確認しました。時代が時代なので、家事・育児をどちらか一方でやるという考え方もありませんでした。2人でやっていこうと思っていました。結婚したばかりの頃は、毎週日曜日の夜に夫婦で会議をしていて、分担はかっちり決めていました。具体的には家の中をA区画とB区画に分けて、今週A区画は私、B区画は妻といった分担。A区画に台所があり、食事を作り、片付けをします。B区画にお風呂、トイレがあり、掃除・洗濯をします。交互にやっていました。ただし子どもができてからエリアで分けるのがうまくいかなくなってきました。今は時短で帰ってきている妻に家事の負担が増えてしまっています。もう少し負担を減らしてあげた方がよいかなと思うところがあります。現在は私が甘えているところが多くあると思います」

子どもが出来れば、家事のタスクも変わる。夫婦の仕事内容も変わることもあるだろう。その時その時で話し合って決めればよいのである。

非協力的な夫をどうするか

遠藤さん（女性・技術系・子どもあり）は、乳児の育児をほとんどワンオペでこなした。

「夫は育休を取っていません。1歳までは帰りが遅くて、平日は全く戦力になりませんでした。恨みつらみがずっとたまっていて、最近その分を返してもらっています（笑）。夫の職場は、上司が帰るまで部下が帰れない雰囲気で、上司が深夜0時までなかなか帰らないということで、夫も全然帰ってこなかったんです。朝の保育園の送りは夫、迎えは私にしていました。夫は帰りが遅いので、朝起きてくるのも遅く、その後夫がシャワーを浴びている間は、私が子どもをみていなくてはいけなくて、すぐに出発できませんでした。子どもは5時半くらいに起きてしまいますが、夫が起きるのは7時すぎ。『だったら私が送るから、残った家事やっておいて』と役割を途中で交代しました。無駄な時間が減ったので、気持ち的に少しすっきりしました」

その後も遠藤さんは夫と役割分担についての会話を繰り返し、コロナで夫の在宅勤務が増えたのを機に、夫の家事・育児分担が増えたという。

「常々、夫には不満がありました。夫は、平日夜は遅くに帰ってくる上に、土日は転職活動を始め、今より忙しくなる会社を選んだり、習い事に行ったりしたからです。その後、少し帰りが早くなり、『これだったらできるでしょ』と役割分担し、私も土日に習い事に行ったり、少し自分の時間を持つことができるようになりました。ある時から土日の夜は『おれが作るよ』と、夫が夕飯を作っています。夫はコロナで在宅が多くなり、月に3回くらいしか出勤しなくなりました。私は週3出勤。在宅しているほうが5時半くらいに子どもを迎えに行って、ご飯作ってという感じになります。最低週3は夫がそれをやっています。夫が在宅勤務になったのはよかったです」

夫の働き方に家庭が大きく左右されていることがよくわかるエピソードである。それに加えて、遠藤さんも諦めずにずっと夫に働きかけているところも、見習うべき点であろう。非協力的だった夫が、ある時から自発的に夕食を作るようになるのは、ミレニアル世代の男性ならではかもしれない。

また、夫婦の家事・育児分担を、自分のキャリア形成という視点と重ね合わせて考えている女性も多い。後藤さん（女性・技術系・子どもあり）は大学の同級生と結婚。対等な関係を続けられると思っていたが、誤算があったという。

「夫とは同級生なので全部イーブンにできるかと思っていたのですが、そうはいかなかったのです。家事は気づける人がやればいいと思っていましたが、気づく能力が人によって違うことが、結婚してからわかりました。夫は洗濯が山積みでも飲んで帰ってきていました。その時は夫をたたき起こして、朝まで話し合いました。分担をルーティン化するまで2～3年かかりました。子どもが生まれてからようやく決まったのです」

後藤さんは、キャリアについては「夫婦ともに自立することが大事」と考えている。

「主人を支えるから家事・育児をやるというのはありません。どちらかがどちらかを支えるというのはうまくいかないと思います。ある程度、それぞれ自分のフィールドで自立できるような関係を残しておくべきだと思うのです」

後藤さんからは、夫婦ともに自立したキャリアを描くために家事・育児も2人でやるという強い意思が感じられるが、もともとそうだったわけではないという。きっかけは、女性活躍の研修だった。

「第二子の育休からの復帰後に、キャリアを考えるといった内容の女性活躍の研修があり、その研修を通して、主人はどう考えているのか聞いてみました。協力しなければ私のキャリアは止まるし、協力すれば私のキャリアは伸びるということまで考えているかどうか聞きました。研修がきっかけになりました」

女性のキャリアは、夫の家事・育児分担に大きく影響される。だからこそ、妻から夫への働きかけには大きな意味がある。夫は妻から問われて初めて、妻の将来的なキャリアについて考え直したり、気づいたりすることもあるからだ。妻側も、「女性はこうするしかないのだろう」と思い込んで、諦めているケースもある。もしあなたがそうであれば、夫に「私の将来のキャリアをどう考えているのか」を問いかけてみてほしい。

時には喧嘩をしながらもお互いの意見をぶつける。男女問わず、自分で決めつけたり、殻に閉じこもったりせず、自分の気持ちや要望を配偶者に伝える努力も必要である。

また、後藤さんは、研修が契機になったと明かしている。女性たちが気付きを得られるような研修を継続的に提供するのは企業の役割だ。また、男性に対しても、育児休業の啓発等の折に、家事・育児の分担や、家事・育児をすることのメリットを伝えると同時に、夫婦それぞれが自身の望むキャリアを形成することの重要性を認識させることも有益だろう。

〝夫育て〟の負担

夫婦でしっかりコミュニケーションを取ることが理想ではあるが、それはそれでストレスフルなことでもある。少しずつでも家事・育児分担の偏りを変化させようと、子育てならぬ、夫育てをしている人も多いのではないか。三浦さん（女性・技術系・子どもあり）もそんな女性の一人だ。

「育休中は、ほぼ私が家事・育児をしていました。復帰するときに話し合ったかは覚えていませんが、不得意なものを頑張ってやってもらうのはハードルが高いというのに気付きました。主人はお皿洗いが苦手なので、洗濯担当。『洗濯は苦にならないならお願いね』と言っていました。当初は私が洗濯も手伝っていましたが、今は一切やりません。洗濯物がたまっていても一切やりません。その代わり、洗濯以外は諦めました。『洗濯をやっているのだからいいか』と、食事作りは私がやっています」

三浦さんは、〝夫育て〟について、次のように話してくれた。

「以前は、男の人でもやればできると思っていました。ご飯を作れないのも、やる気がないからだと思っていました。それで、自分も働いていてお給料もさほど変わらないのに自分が家事のほとんどをしないといけないのは不満でした。『仕事辞めようかな』とカマをかけたりもしました。夫は『努力するよ』という感じでやっていましたが、今は話し合いもエネルギーを使うので、子どもと同じように、ダンナも育てるというか、やってくれたことに対しては『ありがとう！』みたいな感じでおだてて、おだてて、ちょっとずつできることが増えていけばいいのかなという感じです」

ミレニアル世代の男性だからといって、全員が家事・育児に積極的なわけではない。忙しい日々の中で話し合いにエネルギーを使いたくないのは当然の感覚で、三浦さんのように対応している女性も多いことだろう。

とはいえ、ただでさえタスクの多い子育てに加えて〝夫育て〟までするのは大変だ。本書の、相手のキャリアを尊重し、分担について折り合いをつけた夫婦の事例を夫に読んでもらい、自分ならどうするのか尋ねてみるというコミュニケーションを、ぜひ試してみてほしい。

妻が「名もなき家事」、夫が「名のある家事」

最後に、妻の陰ながらの工夫を紹介しよう。中野さん（女性・技術系・子どもあり）夫婦は、家事・育児をお互い納得いくように分担して、仕事と家庭を両立している、まさしくデュアルキャリア・カップルといえる2人である。しかし、実は夫が完璧に分担していると思っていても、その陰で妻の努力があることを話してくれた。

「仕事が終わる時間が同じでも、彼が何かできるわけではないので、彼が子どもの迎えに行き、私が先に帰って細かい家事をやっておいた方がうまくいきます」

洗剤の詰め替え、ごみ箱にゴミ袋をセットする、食器洗いスポンジを交換する等の「名もなき家事」[2]を妻が引き受け、食事の支度、お迎え、寝かしつけといった名のある家事・育児を夫の分担にしている事例である。家庭のスムーズな運営のために雑事は自分がする、というスタンスだ。妻側がそれを大きなストレスと感じていないためにうまくいっているケースだが、そうでなければお互いに「名もなき家事」の存在を理解し、できれば分担を決める、そうでない場合は、当たり前にならないよう感謝し合う必要があるだろう。

3 「お迎えの分担」でともにキャリアアップを目指す

これまで見てきたように、キャリアロス（マミートラック）の観点からも、プライベートロスの観点からも、夫婦それぞれに仕事がある日の、仕事と家事・育児のバランスや分担は重要である。

図４‐２にあるように、未就学児の子どもを育てる家庭において、夫が子どもの保育園や幼稚園のお迎えをしている割合が20％以上である女性は、０％の女性に比べ、自分がキャリアアップできていると思う割合が高い。週の20％、つまり週１回でも夫がお迎えを担当することで、妻のキャリア形成に好影響があることが示唆されている。

ここでは、〝夫婦ともにキャリアを形成する〟ためには、どのようにその時間を確保し合うのがいいのかを見ていきたい。

お迎え担当を３：２に

藤原さん（女性・技術系・子どもあり）は出産後、夫がお盆休みも入れて１～２か月の育児休業を取り、家事をすべて担った。夫は、その後も、自主的になるべく早く帰ってきて、食事の支度をしたという。そのため、藤原さんが育休復帰後、保育園のお迎えの日を交互にすることもスムーズだった。復帰時、藤原さんが希望の部署に異動になったこともあり、夫と綿密に段取りを決めたという。

図4－2　【女性】〈夫のお迎えの割合別〉本人のキャリアアップ状況

▶質問「あなたは自分がキャリアアップできていると思いますか」に対する回答を集計

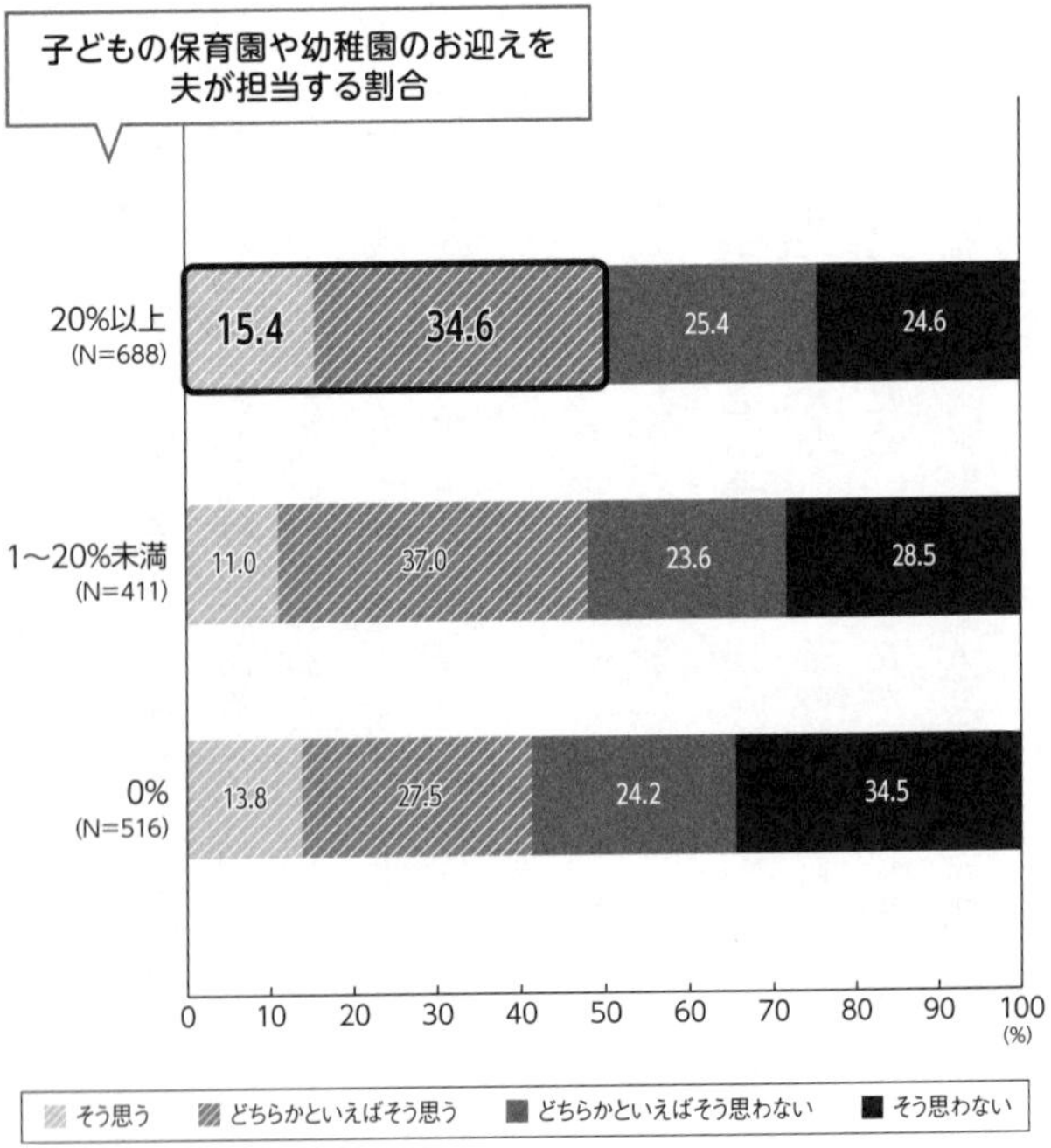

出所／21世紀職業財団「子どものいるミレニアル世代夫婦のキャリア意識に関する調査研究～ともにキャリアを形成するために～」（2022年）

「行ってみたかった部署への異動だったので、フルタイムでやれるだけやってみようと思いました。お迎えの日は曜日で夫と分けて、水曜日と金曜日は私が残業。送りは私がやっていました。お迎え担当の曜日を決めたのは明確な理由があって、夫の会社は水・金は残業ができなかったからです。そこで、必然的に、水・金は定時帰りなので、お迎え担当になりました。お迎えを私が週３回、夫が２回にしたのは、勤務地が夫のほうが遠かったからです」

夫の会社がノー残業デーの取り組みをしている場合には、藤原さんのように、それを利用して、その時には、妻が自由に働くことができるようにしておくというのもよいだろう。

松田さん（女性・技術系・子どもあり）も、夫とお迎え担当を３：２にしている。20代の頃から〝女性初〟という仕事をいろいろと経験し、がむしゃらに働いていた松田さんは、30代半ばで出産。子どもが10か月のときに職場復帰し、最初の２か月間はお迎えの時間に間に合うように15分だけ時短勤務にしていたが、子どもが１歳になったタイミングでフルタイム勤務に戻した。

「それまで、夫は朝遅く行き、夜遅いという夜型でしたが、朝型に変えてもらって保育園の送りをお願いしています。夜の迎えは、最初は私が週3回、夫が週2回としていました。毎日残業しないで定時に帰ると業務がこなせないだろうなと思い、『週にこれだけは迎えに行ってほしい』と話しました。夫の中では思うことはあったと思いますが、結果的に納得してくれました。2人とも仕事が忙しくて迎えに行けない時は、実家の親に来てもらっていました。最長で2週間、泊まり込みをしてもらいました」

家事はそれぞれの得意・不得意を考慮して分担したという。松田さんは、今後のキャリアについて次のように語った。

「今回、経験がないとできない役職につきました。自分の中でステップアップだと思います。この役職で一通りやり遂げると実績になるので、その後、その職場の長になれればいいと思います」

小林さん（女性・事務系・子どもあり）は、大学卒業後に外資系企業に就職。子どもを2人産んだのち、フルタイム勤務に戻した頃に、今後のキャリアのことを考えて転職した。

「1人目のときは、子どものことを夫に任せるのは不安でした。子どものことは自分でみたいという意識も強かったので、お願いすることもなく、ほとんど自分で行っていました。2人目の時には、夫も育児に慣れたこと、週1回ぐらいは残業しないと仕事も回らなくなってきたことから、夫に仕事の調整をしてもらうように頼みました。調整は、やらなければいけないとなると、できるみたいです。夫の会社もフレキシブルに対応できる会社で、育児をしながら仕事をしている男性もたくさんいるようです」

転職してからは、生活スタイルも大きく変わった。

「今までは保育園に送り出す時に、一緒に家を出ていましたが、現在の会社は朝が早く、今は『バイバイ』もできなくなりました。夫が朝ご飯の用意からご飯を食べさせ、着替えさせ、保育園へ送るのを毎日担当して、さらに週2回お迎えを担当しています。お迎えに行った後は夕飯を作ったりするのも全部夫がやります。転職する前に、夫にこういう体制で大丈夫かどうか、また入社直後に休むこともできないことも伝えたら、『やる』と言ったので。どういう心持ちかはわかりませんが、やってもらっています」

お迎え調整でスキルアップ時間を捻出

同じように、お迎え日を減らす話し合いをしたのは、岡田さん（女性・事務系・子どもあり）だ。自身の20年、30年先のキャリアを見据えて、勉強の時間を作るためにお迎え日を減らしたいと夫に相談している。

「これまでは月2〜3回、夫にお迎えに行ってもらっていたのですが、この割合をもうちょっと変えないと難しくなってきました。平日は自分がお迎えでいいと思っていましたが、キャリアアップしていく中で、インプット時間、勉強時間が必要になってきます。家事・育児が終わった後は時間がなく、休日も子ども中心。平日に『この日が忙しいから代わってほしい』と言うのではなくて、定期的に何曜日とかリズムを作って、そこでスキルアップの時間を取らないと、今後20年、30年やっていけないという話をしました。

夫も納得していました」

しかし、岡田さんは、子どもが生まれたときからそのように考えていたわけではなかった。

「子どもが小さい頃は、私も子どもが小さいのだから仕方ないと思っていましたし、夫もそれ以上家事・育児の分担量を増やすことは難しいと思っていたようです。でも夫婦の考え方も、子どもの成長とともに変わることがあると思います。上の子が小学校になり、小さい頃みたいなお世話でてんてこ舞いの状態から変わってきたので、夫も育児を代わってもできるなと見通しが立ったのだと思います」

子どもが成長し、先のキャリアまで考える余裕が出来たからこその話し合いといえるだろう。話し合いに早い・遅いはない。どんな時でも話し合える夫婦の関係を保っておくことが最も大切だ。

冒頭のデータや事例からも、ともにキャリアを形成するためには、妻も夫もそれぞれがいかに仕事に集中できる日を設けるか、という点がポイントであることがわかる。それぞれの通勤時間や会社の制度の違い等をうまく組み合わせて、やりくりすることが重要だ。

4　戦略的保育園選び

子育てしながら夫婦ともにキャリアを形成するには、外部サービスを利用して、限られた時間を有効に使う工夫が必要だ。しかし、図4-3にあるように、有償の外部サービス（保育園以外）を利用している人はごくわずかであった[3]。

有償の外部サービスはハードルが高いと感じる人もいるだろう。一方、保育園の利用なしには仕事と家庭の両立は難しい。ここではデュアルキャリア・カップルたちの、戦略的保育園選びの視点を参考にしたい。どこでも預けられればよい、ということではなく、家庭の事情に合った園を〝子育てのパートナー〟として選択することが重要だ。

保育園で夜ご飯

藤原さん（女性・技術系・子どもあり）は、夫婦ともに業務の調整が難しい時は、保育園の延長保育と夕食提供を利用し、7時半にお迎えに行くこともあった。

図４－３　【男女】家事・育児のサポート／外部サービスの利用状況

▶質問「あなたと配偶者以外に家事・育児を担う人がいる、または外部サービスを利用していますか」への回答を集計

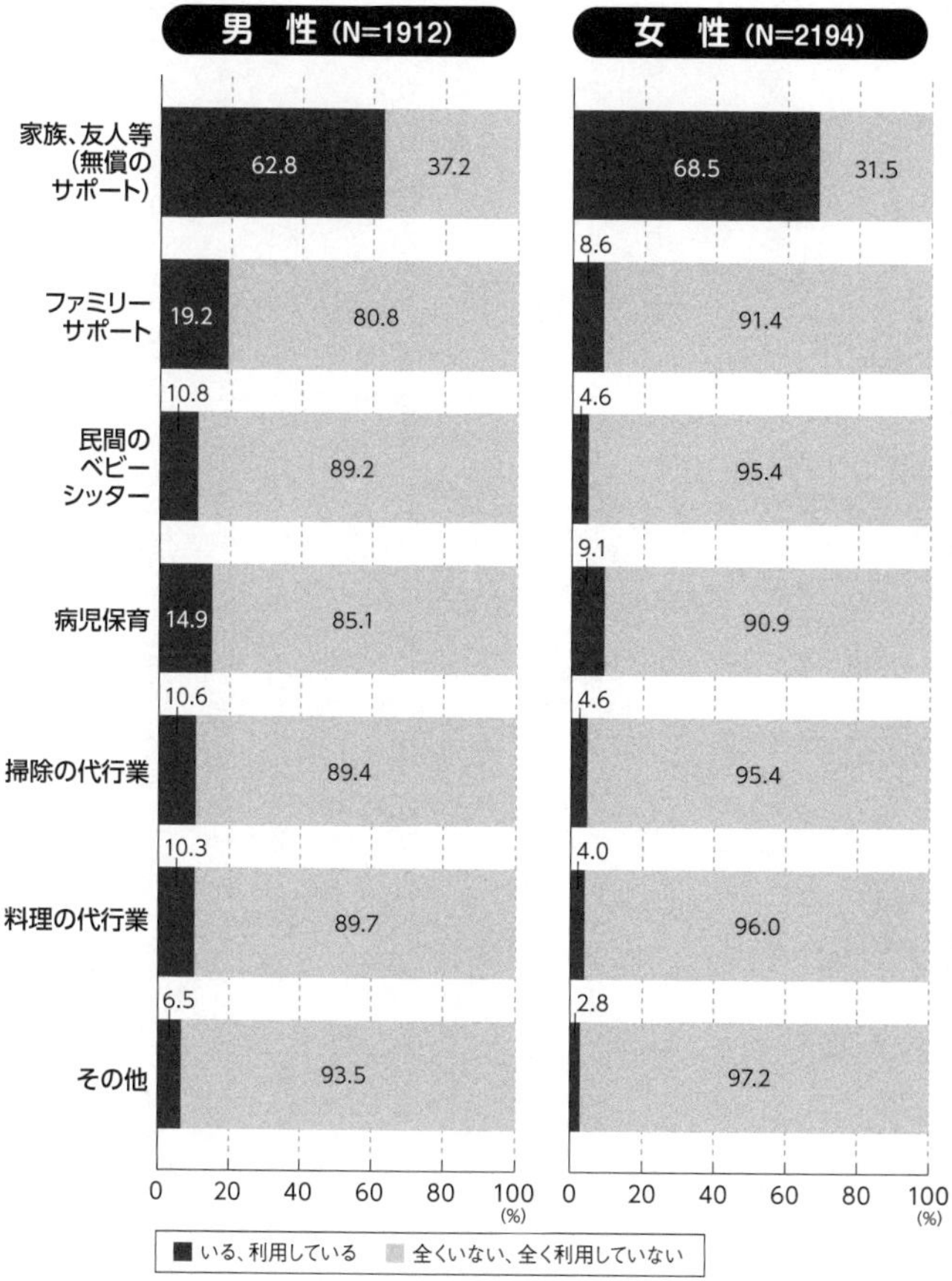

出所／21世紀職業財団「子どものいるミレニアル世代夫婦のキャリア意識に関する調査研究～ともにキャリアを形成するために～」（2022年）

「園長先生がいい方で、『園ではプロの栄養士さんが作っているので、任せてください。保育園で栄養のあるものをあげているので、大丈夫』と言ってくれました。保育園で完璧に食べていれば、まあ私たちの作る食事なんてあればいいというか（笑）。栄養士じゃないし、と思いながら、その辺は2人ともハードルを下げつつやっていました」

中野さん（女性・技術系・子どもあり）は、毎日、夜ご飯も保育園で食べさせていた。

「時短は取らなかったです。夫が迎えに行けるし、4月生まれなので保育園に入った段階で1歳で、1歳を超えると延長保育が可能になります。時短を取らずに、7時半にお迎えに行っていました」

延長保育を利用することは、育休中から決めていた。そのために、保育園選びは夫婦で慎重に行ったという。

「保育園は50～60か所ぐらいチェックしました。チェックポイントは、延長保育が可能なところ、夜ご飯を出してくれるところ。延長、夜ご飯ができる保育園はそんなに多くはないのです。また、子どもがお友達と夕食を楽しめるように、実際に夕食を食べている園児が多い保育園を選びました。保育園を一生懸命探したのは、仕事が忙しいので、できるだけ育児でバタバタせず、順調に育休から復帰したかったからです。夜ご飯も食べさせてもらえば、迎えに行って、お風呂に入れたあと、１時間はたっぷり遊ぶことに専念できると思いました。夫婦２人で、家に帰ったら１時間は子どもと遊ぶと決めていました。子どもはたぶん覚えていないと思いますが、後から振り返ったときに、仕事ばっかりやっていたな、とか、子どものことを放置していたな、とか、自分が後悔をするのはいやでした。家事をしながら子どもをあやすということではなく、子どもと集中して過ごす時間を作りました。自分の精神安定のためでもありました」

夕食を保育園でとるケースはまだ少なく、そうした家庭に冷たい視線が向かうこともある。

「『全部保育園が育てているね』と悪気なく言われたりします。でも、実際は思いっきり子どもと遊んでいるので、それで傷ついたりはしません」

このインタビューを実施した2020年以降、日本の保育園の待機児童問題はだいぶ解消された。また、以前からの課題であった使用済みおむつの持ち帰りについては、厚生労働省が「保育所で処分することを推奨する」という通知を出したこともあり（2023年1月）、その部分の保護者負担は軽減された。しかしながらインタビューでも夫婦いずれかがやらなければならない家事の項目として「翌日の保育園準備」が必ず言及されるほど、毎日揃えなければならないモノ（着替えや、エプロン、タオル、連絡帳、おむつ等）がある状況は続いている。

「保護者の負担を軽減する」フランスの保育園

ここで、少し前の本になるが、『フランスはどう少子化を克服したか』（高崎順子／新潮新書／2016年）から、フランスの保育園事情についてご紹介したい。フランスは1994年には合計特殊出生率が1・66と低迷し、少子化脱却のために様々な政策を展開。2020年には1・83とEU内では最も高くなるまでに回復し「少子化対策に成功した国」とい

われている。（２０２２年の日本の合計特殊出生率は１・２６）

実際にフランスで保育園を利用していた高崎氏による日本とフランスの保育園の比較は、大変示唆に富む。高崎氏は「フランスの保育園は〝子どもが健やかに発達するところ〟であると同時に、〝保護者の負担を軽減するところ〟。お世話になってみると、その考え方が保育園運営の根本にあることを実感します」と書いている。

具体的には、フランスでは子どもが使うエプロンやタオル等は園の共有品を使うので、毎日手ぶらで通うことができる。連絡帳はなく、保育スタッフがその日の様子等を口頭で伝える。行事は年に2回のみ。保育スタッフが滞りなく子どもの世話ができるよう、業務内容が最適化されている。

自治体や地域によって質の差はあるというが、「日本の親たちにとってはそっけないまでに最適化されている、フランスの保育園。でも、そのおかげでスタッフの労働量は適度に保たれ、子供の世話に集中できている。親たちに掛かる負担も少ないため、通園にまつわる家庭内でのストレスが少ない。その環境がもたらす余裕のようなものが、園内の空気を作っているのかもしれません」と述べている。保育スタッフが本当に保育に集中するための合理的な判断がなされている。

また、フランスでは、保育園よりも多くの子どもを受け入れている「母親アシスタント」や「共同ベビーシッター」といった制度も普及しており、それぞれの事情に合わせて、保育手段を選択できるという。「フランスでは3歳になる年の9月から全入の保育学校が始まるので、保育手段が必要なのは、産休明けから保育学校入学までの最長で約3年間で、その〝期間限定〟の感覚が、ひとつの保育手段にとらわれない柔軟性を後押ししているとも考えられる」とある。

根本的な保育制度が異なっているものの、保育手段が複数から選択できることも「子育て先進国」フランスの強みであろう。本書のインタビューの対象者は、子育てに対して先進的な考えを持っている人が多かったが、ベビーシッターを含め、保育園以外の有償の外部サービスを使っている人はほとんどいなかった。フランスのような保育の選択肢はなく、かつ毎日の保育園準備に加え、家事のアウトソーシングもほぼ活用されていないため、現状の日本では多くを家庭内で賄わなければならない。

シルバー人材センターをフル活用

本インタビューでは、ロボット掃除機や乾燥機付き洗濯機、全自動調理器等を使用している人や、宅配のミールキットで食事準備の手間を省いている人は散見されたが、家事のアウトソーシングを利用している人はほとんどいなかった。本章の最後に、家事の一部をアウトソーシングしている唯一の事例を紹介する。

近藤さん（女性・技術系・子どもあり）は、第二子の誕生で、家事・育児の大変さが倍増し、シルバー人材センターを活用することにした。

「(子どもが）１人の時は育児が楽しかったです。家事も苦じゃなかったのですが、２人になったとたんに回らなくなりました。想像を超えていました。夫も多忙だったため、家事の一部をアウトソースすることにしました。現在はシルバー人材センターの人に掃除と野菜を切ることを頼んでいます。普通に家事代行を頼むと１時間２千円とかですが、シルバー人材は１時間１千円（インタビュー当時／本人の発言ママ）とリーズナブルで、融通が利くので、週に１回、２時間来てもらっています。業務でシルバー人材を知って、自分の家でも頼めるかなと思ったのがきっかけでした。夫婦の不満はだいぶ解消されました」

「料理」や「掃除」を丸ごと外注するのではなく、最も自分たちの負担になっている作業を細かく抽出してアウトソーシングすることで、うまく出費も抑えている。

「1週間分の野菜を切ってもらうのと、トイレ、お風呂、キッチン、洗面、床の掃除全部。材料が切ってあれば全自動調理器に入れるだけで完成させることもできるし、炒めるだけ、煮るだけとかであれば苦じゃない。切るのだけがどうしても時間がかかっちゃうので。もう夫婦2人だけでは無理という判断になって、お願いしました。今は、ガスと電気と同じくらい、シルバー人材がないと生きていけないです。世の中的にはまだ、全部自分でやることが素晴らしいみたいになっていますが、得意・不得意もあるし、外部の人に手伝ってもらうのが一般的になればいいと思っています。外部のサービスをうまく使えずに苦しんでいる人も多いのではないでしょうか」

保育園を中心として、家事・育児のどの部分をどう省力化するのか、スムーズな復帰と、その後のキャリア形成を見据えて、家族で計画を立てて乗り越えてほしい。

第4章のまとめ

本章では、ミレニアル世代夫婦の、仕事と家庭の両立方法をみてきた。「プライベートロスしたくない男性とキャリアロスしたくない女性」という組み合わせは、利害が完璧に一致しているはずなのだが、実態はそう簡単には進まない。しかし、それぞれが思い切り仕事に集中できる日を設定、その日はいずれかがワンオペで子どもの世話をする、といったやりくりをしている夫婦もみられた。

喧嘩をした夫婦、根気よく言い続けた妻、子どもが成長して世話がしやすくなったタイミングで切り出した妻、妻の機嫌を損ねたくない夫、妻を心から応援している夫。そのきっかけや経緯は様々だが、夫婦で話し合い、調整して実行するのがミレニアル世代夫婦なのであろう。そのベースには、お互いのキャリアを尊重する気持ちがあると考えられる。特に、上の世代ではごくまれであった、夫が「妻のキャリアを尊重する」部分が大きいだろう。専業主婦を妻に持つ管理職男性は、その部分の違いを認識して対応する必要がある。

もちろん、ミレニアル世代でもなかなか思うように家事・育児の分担が進まない家庭もある。子育てがひと段落した時に後悔しないよう、本書がキャリアを含めた自分の生き方と配偶者の生き方を、改めて考える機会になれば幸いである。

1　2022年　財団ミレニアル世代夫婦調査報告書67ページ「図表2-1-35　本人の家事・育児時間」https://www.jiwe.or.jp/application/files/8316/5968/4597/2022chosa_02.pdf

2　2017年、大和ハウス工業が「名もなき家事」の考え方を提唱。2019年、コピーライターの梅田悟司がTwitter（現X）に投稿した「育休を4ヶ月取得して感じたこと」が1200万PVを超え、そこで言及された「名もなき家事」がSNS等で話題に。

3　調査時期がコロナ禍であったため、ファミリーサポートやベビーシッター等は特に利用しづらいタイミングであったという要因もある。

第5章

企業の場合

マネジメント層の意識を刷新せよ！

1　社員をディスエンパワメントする組織

日本では女性の管理職比率が低迷しているが、管理職になりたがらない女性が多いことも一つの要因と思われている。一方、「新卒の採用試験においては、相対的に男性よりも女性の方が優秀なことが多い」という話はよく聞かれる。新卒から管理職昇進を期待される年齢になるまでの間に、女性たちにどのような変化が起きているのだろうか。

女性の入社1年目から5年目の管理職志向の変化の調査データを見ると、「目指したい」「どちらかというと目指したい」の割合は、入社1年目が60・0％と最も高く、2年目は46・4％、3年目39・2％、4年目、5年目はともに37・6％と減少傾向にあった。逆に「目指したくない」の割合は、入社1年目ではわずか4・8％にすぎないが、入社5年目では、25・6％と大きく増加している[1]。

入社1年目は、女性自身も昇進意欲が高いようだ。しかし、残念ながらその気持ちが低下してしまう。本来は、組織は社員をエンパワメント（社員ひとり一人の活躍を支援し、能力を引き出す）しなければならないはずが、逆に組織が社員をディスエンパワメントしている現状があるのではないか。

図５－１　【女性】〈上司がチャレンジさせているかどうか別〉管理職意向

▶質問「あなたは管理職になりたいか」に対する回答を集計

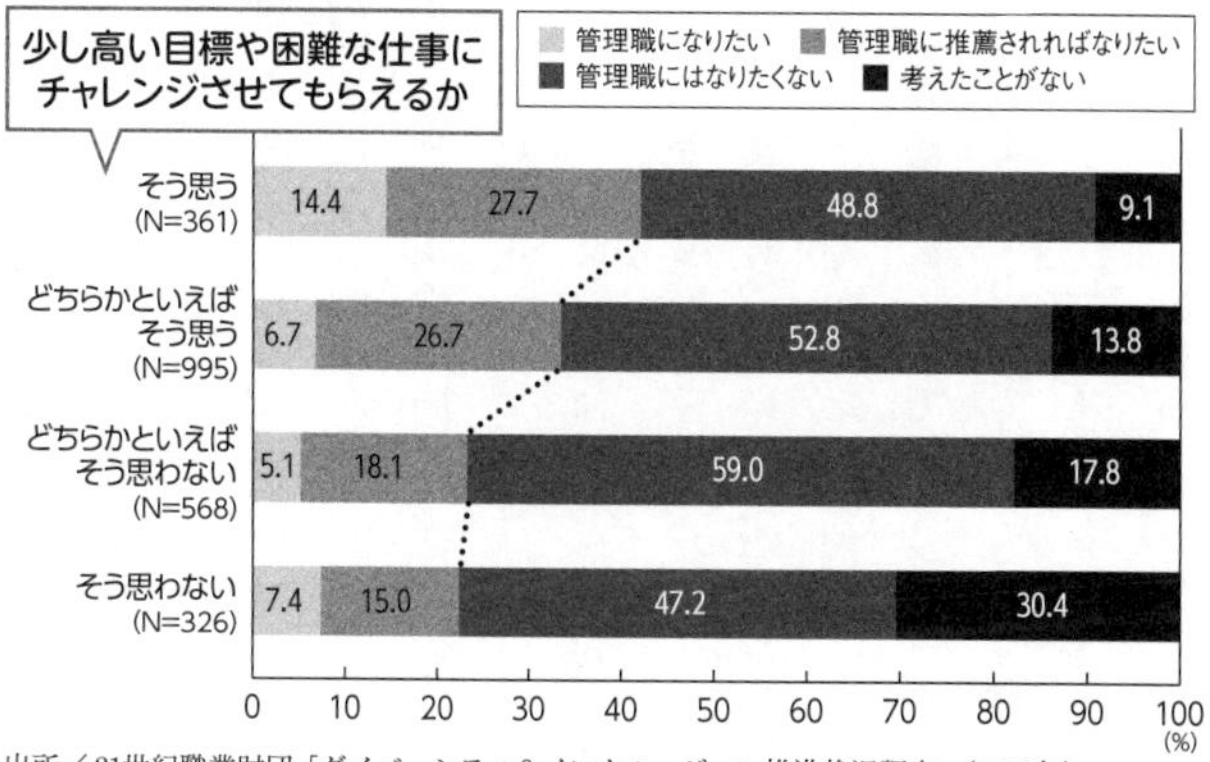

出所／21世紀職業財団「ダイバーシティ＆インクルージョン推進状況調査」（2022年）

図５－１が示す通り、上司が日々の業務の中で少し高い目標や経験値より少し困難な仕事を任せてチャレンジさせている場合は、女性の管理職になりたい、管理職に推薦されればなりたいという割合が高い。適切な育成によって、意欲を落とさずに管理職を目指すこともできるのだ。エンパワメントするも、ディスエンパワメントするも、上司や組織が要因になることが多い。

アンコンシャスバイアス

最近、よく耳にするようになった「アンコンシャスバイアス」も、ディスエンパワメントの要因の一つだ。アンコンシャスバイアスとは、誰にでもある〝無意識の思い込み〟のことで、なくすことができない。だからこそ、職場においては「自分にはアンコンシャスバイアスがある」と自覚した上での言動が必要だ。

具体的には、上司のアンコンシャスバイアスによって、男女に育成差や、期待のかけ方の違いが生じるケースがある。例えば「女性には厳しいお客さんを対応させるのはかわいそうだが、男性は打たれ強いから大丈夫だろう」といった思い込みで仕事を割り振る場合がある。その結果、女性は男性と同じような仕事経験を積むことができなくなる可能性がある。こういったことの積み重ねで、入社時には〝優秀〟だった女性たちの育成が阻害され、女性たちのモチベーションも削がれて、長期的には大きな損失となっている。

第3章「女性のキャリアロス」でも、上司の声掛けによってマミートラックに陥らなかったり、脱出できたり、といった事例があった。上司が「子育て中だから無理だ」等のバイアスにとらわれていなかった好事例だ。

また、第2章や第4章で紹介してきたように、責任を持って家事や子育てをする男性が増えている。「子育て中の男性でも、子育ての主は妻だろうから、残業させてもよいだろう」というのもアンコンシャスバイアスである。また、先ほど述べたように「男性のほうが打たれ強いから負荷の高い仕事を割り振ろう」という考え方も、典型的なバイアスだ。

職場のアンコンシャスバイアスと当事者たちがどう戦っているのか、事例を見てみよう。

「お母さんの働き方」？

原田さん（女性・技術系・子どもあり）は、育児休業後、フルタイムで復帰した。

「時短を取ることは全く考えていませんでした。時短を取るのがマイナスになるわけではないのですが、子どもがいてもいなくても同じ業務ができる、というのを印象付けたかったのです」

出産前の原田さんは仕事に熱心に取り組んでおり、出産後も同様のペースで頑張ろうとしていた。しかし、育休からの復帰直前に夫が異動となり、通勤に2時間近くかかるようになってしまった。育休中に計画していた家事・育児の分担ができなくなり、保育園の送迎等を含め原田さんの負担が増加した。

「出産する前は、出産でキャリアがストップするのは本人の努力不足だと考えていました。その人が『お母さんの働き方はこうだ』というのをはねのければいいじゃないか、と思っていましたが、今は目に見えない壁を感じます。それは（当事者になった）今だから感じられるのです」

原田さん自身も、仕事と育児を両立する女性に対する偏った認識を持っていたことに気づいた。また、今度は自身が育児をしていることで、周囲のアンコンシャスバイアスのために機会が失われているのではないかと心配もしている。

「（出産）前は月に2回、1週間の出張に行っていました。今でも、そういう仕事があれば（行くことが出来るか）聞いてほしいと思っていますが、『お母さんになるとこういう働き方だよね』というのが固定化されているので、それに当てはめられているのではないかと思っています。聞いてくれたら『この時は母に頼もう』とかもできますが、その前に聞かれない」

そのため、原田さんは日頃から、「出張が必要であれば行きたい」と職場でアピールしているという。

「復帰した当時は、ちょっと残業しただけでも『帰らなくていいの？』と言われてしまい、うーんと思う時もありました。実際、迷惑をかけることもあるので、ありがたいと思っておかないといけないのかもしれないのですが。〝お母さん〟かどうかではなく、一人一人に合ったものを上長と相談して作り上げていきたい、すべての社員にそうあってほしい、と思います」

伊藤さん（女性・技術系・子どもあり）も、両立社員への気遣いには感謝しつつ、戸惑いも感じている。

「『子育て中だから大変だよね』という計らいもあったりしますが、子育てしている身からすると、そういうふうにしてほしくないです。普通にみてほしい。自分で大変な時はどうにかするので、大変だからと考えないでほしい。考えてほしい人もいるとは思いますので、気遣いって難しいなと思います。よかれと思って気遣っている一方で、こちらからするとさみしかったりします。率直に言ってもらっていいと思います」

気遣いはありがたいが、「子育て中のお母さん=大変」で片付けないでほしい。原田さんや伊藤さんの意見の通り、勝手に判断してしまうのではなく、本人とよくコミュニケーションを取ることが重要だ。

「育児は母親がするもの」と信じている上司

上司世代の男性は、専業主婦の妻が多く、男性の家事・育児に理解がないという意見が、インタビューをした多くの人から投げかけられた。また上司だけでなく同僚男性からも厳しい言葉をかけられた等、様々なエピソードが語られた。旧態依然とした習慣が染みついてしまい、自分の思い込みに気づけない人が多いのだ。

横山さん（男性・技術系・子どもあり）は、やっとの思いで長期の育児休業を取ったが、つらかったのはその後だった。

「一番大変だったのは、育休復帰後です。女性は『子どもが小さいから早く帰ってもいい』という周りからの配慮が得られやすいですが、男性に対しては『復帰したのだからもっと働けよ』という雰囲気なのです。世の中の男性陣は、育児に関わる配慮をしてもらえないという意味では、まだ大変だと思います」

もちろん、育休後も育児は続く。しかし、「育児は母親がするもの」というアンコンシャスバイアスがあるから、こういう発言がみられるのだ。

また、田中さん（男性・技術系・子どもあり）は、いつも周りの目を気にしながら帰宅していたという。

「子どもが小さい時は6時から7時に帰るようにしていましたが、周りにも気を遣いました。部下をおいて帰るので、周りの目は気になります。女性に対しては『子どもがいるからしょうがない』という雰囲気があって、帰りやすさもあると思いますが、男性はそう思われないのです。『子どもはお母さんがみてくれるのでお前は大丈夫だろ』という雰囲気がありました」

一方、酒井さん（女性・事務系・子どもあり）は、1人目の出産後にフルタイムで復帰したが、上司から残業を止められたという。

「夫は専門的な仕事をしているので、仕事に融通をつけられるようになっていました。私は夫に週に何回か早帰りをしてもらって自分は残業しようと考えていましたが、結局、自分の上司から『残業させていると思われるといやだから、早く帰れ』と言われました。8時になるとプレッシャーがかかったので、早く帰っていました」

酒井さんは、結局、2人目の育休から復帰後、ようやく本人が望む残業ができる体制を作れたとのことである。また、谷口さん（女性・技術系・子どもあり）は、夫の会社には制度を使えるような雰囲気がないと訴える。

「夫は育休を全く取っていません。出産の日も休みませんでした。男性で育休を取っている人はいないと聞いているので、周りからどう思われるか気にしているのだと思います。下の子の妊娠中はつわりがひどく、上の子のご飯やお世話をするのもつらくて、夫に早く帰ってきてほしいと頼んだことがありますが、その話を聞いた夫の上司から『自分の妻を含め、少し前の母親は、自分や子どもが大変な状況でも、おんぶひもをして、自分でやるのが当たり前だった』というようなことを言われたらしいのです。夫は別の会社で働いているので私も何も言えないし、夫も目立ちたくないようです。夫の会社は福利厚生の制度はあっても、使う雰囲気ではないのです」

せっかく制度があっても、使える雰囲気がないのでは、何のための制度かわからない。残念ながらアンコンシャスバイアスに気づけない組織や、気づいていても声に出せない雰囲気がある職場はまだあるのだ。そのために、男性が思うように育児が出来ないのは本当に残念なことだ。このような男性の行動について、女性からの視点でコメントしてくれたのが山口さん（女性・事務系・子どもあり）だ。

「制度があっても男性が育休を取らなかったのは、強制力がないからなのです。強制力がないと、育休を取ることに対し上司が『なんで？』となってしまい、そこで止まってしまう。上司の理解がない場合は、強制力があったほうがスムーズに行くと思います」

強制力がないと動けない、変わらない、というのは、残念すぎる実態だ。企業は、男性の育児休業制度がなぜあるのか、社員に十分に説明をしなくてはならない。そして正しく運用されているか見届ける義務があるだろう。

保育園のお迎えは「母親の仕事」⁉

「育児は母親がするもの」という固定観念を持っているのは、男性に限ったことではない。山口さん（女性・事務系・子どもあり）は、女性にも男性にも「お迎えは女性」という固定観念がある、ということも話してくれた。

「私たち自身にも、周りにも、固定観念があると思います。女性は、保育園のお迎えで早く帰るのが理解されますが、男性がお迎え担当で早く帰るという土壌がないのです。ダメとは言われないのですが、なんとなくそういう雰囲気があります。私自身は男性がお迎えで帰るとしたら素敵だなと思います」

現状では、保育園のお迎えは圧倒的に女性が担うケースが多い。財団ミレニアル世代夫婦調査では、お迎えを週４日以上する女性59・３％、男性７・４％、３日以上女性72・８％、男性11・９％という結果が出ている。そういう状況を見ていると、人はそれが当たり前と思い込んでしまう。

最近は、ダイバーシティ経営を実行する企業も増えてきた。そうした企業で働く小野さん（男性・事務系・子どもあり）はこう言う。

「今までは、なんとなく、お迎えに行くのは女性、という風潮になっていました。しかし、ここ１～２年で『お迎えなので先に帰ります』という男性が増えてきました」

職場の風土も少しずつ変わっているという意見には勇気づけられる。

男性のようなきれいなキャリアが描けない

次は、アンコンシャスバイアスが女性の活躍機会を削ぐだけでなく、初期キャリアにおける育成の男女差を生んでいる例をみてみよう。原田さん（女性・技術系・子どもあり）は、同じ技術系の仕事をしている同世代の夫と比較して、「育成」について思うところがある。

「夫の方が、入社以来、キャリアを積み重ねている感じがします。異動して1か月の時も、バリバリやっているように見えました。夫を見ていると、会社として『この人はこういうふうに育てたい』というのがあって、キャリアが計画されているような、きれいな流れが見えるのです。一方、自分は場当たり的に異動したり、役割が与えられている気がします。私をどう育てたいのか、自分から上長に聞いたこともありました。私の異動は、プロジェクトが立ち上がったから異動、という印象。ゴールに向かって積み上げていくというイメージとは違うのです。自分の中で焦ってきています」

「女性はいつ妊娠・出産で長期に休むかわからない」と先回りして考えることで、「女性は長期の育成計画が立てづらい」といった思い込みにつながっているのではないか。原田さんの事例の場合、プロジェクトに任命されるなど活躍を期待されているものの、長期の育成ビジョンは立てづらい、と会社側が考えている可能性がある。

女性に対してこのアンコンシャスバイアスがあることで、妊娠・出産にかかわらず全ての女性の育成が疎かになる可能性がある。初期キャリアの段階ですでに男女でのこういった育成の差があるとしたら、冒頭の調査データにあったように、管理職を目指す気持ちが削がれていくのは当然の流れだろう。まさしく、社員をディスエンパワメントしている。

これからは、男性でも長期の育児休業を取得する人が増えるだろう。さらに、介護をしている人や病気治療中の人、その他、様々な事情のある多様な人と働くことが当たり前になってくる。定時に出社し、何よりも仕事を最優先にしてくれる社員を標準とした育成計画だけでは、立ち行かなくなる可能性が高い。「何よりも仕事を最優先にしてくれる社員＝男性」という思い込みは、結局、多様な社員のモチベーションを削ぐリスクがある。

男性に期待される長時間労働

社員をディスエンパワメントする、もう一つの大きな要因として、「働き方」が挙げられる。アンコンシャスバイアスの事例にあった、早く仕事を切り上げる男性が負い目を感じるというのは、バイアスだけでなく、周りの人が実際に長時間労働をしているからである。ワーク・ライフ・バランスを確保するために、長時間労働は避けなければならない。

長時間労働について、村上さん（男性・事務系・子どもあり）は上司の行動がとても大事だと語る。
「上司は、年功序列の組織で仲間意識をものすごく大切にしているのだと思います。仲間意識を大切にすることは、チームワークという言葉に代表されるように、いい部分もありながら、弊害もあります。現に、上が帰らないと帰れないという悪い部分が出ています。上の人は帰らない教育を受けているので、帰っていいのかどうか、わからないのでしょう。そういう中では、強い意思を持っていないと帰れません。上が積極的に帰るべきだと思います」
帰れるのに帰らないのは、上司の問題だけでなく、企業としても生産性低下を招く重大な問題になる。上司が受けてきた教育と現在の方向性が合っていないのであれば、企業は上司である人たちにきちんとした教育をしなければならない。

在宅勤務がしづらい！

在宅勤務等の柔軟な働き方も、ワーク・ライフ・バランスを確保するため、夫婦がともにキャリアを形成するために必要だが、なかなか進まない現状がある。横山さん（男性・技術職・子どもあり）は、在宅勤務の現状と希望について、次のように話してくれた。

「在宅勤務制度はあり、デスクワークの人たちは活用していますが、この職場では機能していません。子育て世帯のイレギュラーな対応として、もっと充実させてほしいと思っています。子育て真っ最中の後輩には『（リモートワーク希望の）手を挙げてみたらどうか』と言っています。（自分が）育休を取った時もそうだったのですが、パイオニアは大変。戦わないといけない。みんなが取りだしたらいいのですが。はじめに、『リモートワークさせてください』と言うと、『なんで?』と上司に言われてしまいます。理論的に説明しないと承認を得られないのです。最初の人は結構大変なので、『それだったらいいや』となってしまいます」

後藤さん（女性・技術系・子どもあり）も在宅勤務しやすくなることを望んでいるが、上の世代の理解のなさに阻まれていると指摘する。

「在宅勤務にはほとんどなっていません。仕事柄、難しい面もありますが。おそらくコロナ後も、在宅がデフォルトにはならないと思います。そういう雰囲気がないのです。特に男性が子育てのために早く帰ったり、ましてや在宅勤務をしようとすると、子育てを全くしてこなかったバブル世代の人たちの人生を否定することになるので、理解が進まないのです」

山田さん（男性・事務系・子どもあり）も、上司によって制度の使いやすさが左右されると嘆く。

「うちの会社はいろんな制度はあるけど、上司に忖度してしまうことがあるので、在宅勤務も上司が率先してやってくれると取りやすくなると思います。『やっぱりあの子は会社にでてこないな』、という目があるような気がします」

男性が長時間労働を期待され、在宅勤務もままならず、子育ての中心は妻であると思われがちな現状においては、1章で述べた〝妻のキャリアは夫の職場次第〟という問題が発生してしまう。職場の雰囲気一つで、社員の働き方やものの捉え方は大きく変わる。その雰囲気を作るのも変えるのも、企業の姿勢にかかっている。

会社が「配偶者のキャリア」もヒアリング

これからの企業は一歩踏み込み、直接的に配偶者のキャリアに配慮することがあってもよいのではないだろうか。本人のキャリアだけでなく、配偶者のキャリアについても配慮がなされている海外企業の事例は、大いに参考になるだろう。

田村さん（女性・事務系・子どもあり）の夫は、本社が海外にある企業の日本支社に勤めている。本社への赴任の話があり、田村さんも帯同するか迷ったことがあったという。

「企業側としては、転勤について家族として選択できる案を出し、家族で話し合える猶予を与える必要があるのではないでしょうか。転勤に行けないという選択肢もあるといいと思います。主人の会社はそれを考えてくれていました。『配偶者は納得しているのか、配偶者のキャリアに支障がないのか』というのを主人にヒアリングしてくれていたようです」

夫は、田村さんの会社の休職制度を利用できる範囲内を条件に、会社と交渉していた。

「私の勤務先には配偶者転勤同行休職制度があります。子どもが小学校に上がる前なら、2年間お休みできる制度です。それを取得してついていこうかなと考え始めていました。主人はその条件のもとなら本社に行けるという案を出していたみたいです。私は、2年間休職すると昇格のペースが遅くなるので、悩んだところもありました。でも、海外で学べることもあるし、キャリアの中断にはなりますが、主人を応援したいと思っていました。自分自身はキャリアのペースが落ちるだけですが、主人のモチベーションが落ちるのはよくないかなというのがありました」

社員が活き活きと働き、その能力を存分に発揮してもらいたい、と考えるのであれば、その家族についても配慮するのは必然なのではないか。正社員同士のカップルは少ないとはいえ、共働きが増えてきた日本においても、そのような配慮をする企業が増えることを切に願っている。

2　世代間ギャップを超えて

アンコンシャスバイアスにも、長時間労働が減らず、在宅勤務が進まない原因にも、「世代間のギャップ」が大いに関わっているだろう。第1章でも解説したように、ミレニアル世代は、受けてきた教育や経験が上の世代とは大きく異なっている。

これからの日本をリードしていくのが、ミレニアル世代以降の若い世代である以上、彼らの価値観や認識を理解し、尊重することは、企業にとって必要不可欠だ。上の世代の管理職は、会社の仕事だけに、がむしゃらに打ち込んできた人が多い。もちろん、仕事に時間を無限につぎ込むことで得られたスキルや経験値があることに疑いはないが、彼らがキャリアを積んだ時代と環境が全く異なる現代において、かつてのやり方がそのまま通用するとは言い難いだろう。

時代が変わり、世代間ギャップは大きくなった。上の世代は、新しいやり方を、新しい世代とともに創り上げる必要がある。

子育ての実感がない気遣い

安藤さん（女性・事務系・子どもあり）は、上の世代の男性を厳しい視線でみている。

「私の職場は、若い男性も子育てをしながら仕事をしています。『お互い大変ですよね』と共感できます。自分たちより上の世代で、子どもは奥さんが育ててきたという世代は、他人ごとに見えていると思います。ねぎらっているように見えますが、絶対わかっていないと思います。育児・介護は当事者にならないとわからないことで、想像力が必要ですが、自分が困らないと相手に対して配慮が持てないというのが実態です。自分も育児をするまではわからなかったかもしれません。今の状況に置かれて初めていろんなことに気づき、『助けて』ということも言えるようになりました。個々の事情を考慮して関心を持てるかが、企業としての課題だと感じます」

阿部さん（女性・事務系・子どもあり）は具体的に、子育て経験の有無からの対応の違いを話してくれた。

「自分は副担当だったので、正担当の人がかなりフォローしてくれました。正担当も自分が子育てしているからか、理解がありました。もう一つ上の人は、子育てをやったことがない世代でわからないのか、相談すると『すぐに帰りなよ』と無責任に言い放つのです。でも、正担当は『何の仕事が残っているの』と聞くので、パッと割り振れます。『子どもが大事だから帰りなよ』と言われると、仕事にコミットできなくなってしまいます」

両立している人は、子どもを何よりも大切にしているものであるが、かといって仕事を疎かにしたいわけではないという人がほとんどであろう。責任を持って取り組んでいるのだ。その気持ちを汲むのも上司の役割だ。

妻が専業主婦の上司の「わからなさ」

伊藤さん（女性・技術系・子どもあり）の職場では、かつては社内結婚すると女性が退職していた。そしてリーダーは男性ばかりになっている。

「男性リーダーはお子さんがいる人がほとんどですが、奥さんが専業主婦の人が多いです。リーダーを任命されるのは定年直前くらい。若い方もいますが、リーダーになったらすぐ定年、という人もいます」

かつては、家事・育児は全て妻に任せ、仕事一筋の男性がリーダーになるのが典型的なパターンだった。そのようにリーダーになった人たちと、仕事と家庭を両立して頑張っているミレニアル世代の夫婦は、全く異なる生活を送っている。上の世代は、そのことを意識した言動が必要だ。

先ほどの阿部さんは別のエピソードも語ってくれた。育児真っ最中の時期に夫が単身赴任となり、阿部さんがワンオペになってしまった経緯だ。

「夫が単身赴任したのは、私が転職したばかりで、〝信用貯金〟をためなければいけない大事な時期でした。『今、転勤するのが難しいことをなぜロビー活動しないの！』と喧嘩になりました。でも、その当時、夫の会社では妻が専業主婦の人が多く、総合職で仕事している人がいなかったので、理解が得られないだろうなということには気づいていました」

妻が総合職で仕事をしている人が「当たり前」の世の中にはなっていないため、こういった転勤命令等が今もなされている可能性もある。

酒井さん（女性・事務系・子どもあり）も上司との雑談の中で、価値観のギャップを感じたことがあった。

「結婚後に課長と家事の話をしていて『分担している』と言ったら、『君とは結婚できない』と冗談まじりに言われました。奥様が専業主婦の方でした。私の夫は、大学時代は一人暮らしをしていたので、一通り家事はできました」

ミレニアル世代の女性たちからは、逆に「家事をしない男性とは結婚できません」という声が一斉に上がるであろう。上の世代は特に、専業主婦世帯をベースに考える癖を改める必要がある。

3　両立している人が働きやすい職場に

仕事と家事・育児を両立する人のための制度は、すでにかなり整備された段階にある。後は職場風土を含めた運用の問題が大きい。

子育てしながら仕事をすることが当たり前にならない限り、介護や病気治療等の事情を抱えた人の働きやすさの実現も難しいだろう。もちろん、特に差し迫った事情がない人にとっても働きやすい職場でなければならない。

働き方改革の浸透

ここでは、働き方改革が進んでいる職場、女性活躍推進の取り組みをしている職場、時間に制約があっても不利にならない職場、ワーク・ライフ・バランスの取りやすい職場の事例を、両立の苦労に直面することが多い女性の声から紹介する。

金子さん（女性・事務系・子どもあり）は、夫が海外赴任する時にちょうど妊娠し、育児休業中は海外で親子3人で暮らすことができたという。そして職場復帰した頃には、予想以上に働き方改革が進んできていた。

「復帰した職場は、残業はなるべく少なくして、有休をなるべく取りましょうという部署でした。もちろん、多少は残業が発生しますが、私は物理的に残業ができないので、5時に帰ります。最初は帰りづらかったのですが、朝は7時半に来ているからいいかなと思い、気にしないようにしています。どうしてもやらなければいけない仕事がある時は、夜起きて家でやることもありますが、自分でコントロールできる範囲です」

管理職になることについては、次のように話してくれた。

「管理職になりたいというよりは、自分が納得のいく仕事をきちんと積み重ねていって、その結果を評価されたいという気持ちがあります。評価された結果として役職がついてくるのが理想的です。そういう仕事ができるように、これからも精進したいと思っています」

第一子の育休から復帰した頃、中川さん（女性・事務系・子どもあり）の職場では働き方改革が進んでいなかった。保育園のお迎えが20時であったのにもかかわらず、それでも間に合わないために週2〜3回はベビーシッターにお迎えを頼んでいた。

「夫が先に昇格し、仕事の幅や量が増えて忙しくなったので、私が家事・育児をやらなくちゃという感じでした。その頃は、退職も考えるほど大変でした。子どもが小学校に上がる頃から働き方改革も進み、ようやく落ち着いて仕事と育児のバランスを取りながら働けるようになりました」

第二子出産後には、職場の働き方改革はさらに進んでいた。働きやすくなり、将来的には役職につきたいとも考えるようになったという。

「復帰した時、会社がすごく変わっていて、出産後も働きたい女性が働きやすくなっていました。復帰前面談があり『どこに行きたいか』と希望を聞いてくれました。その配属先の部署は、スケジュールが立てやすく、働く時間を自分で選ぶことができ、やりがいもありました。今では、役職に就いた方がもう少し主体的に会社を良くしていけるのではないかな、と思います。会社に対しては、もう少し男性社員も育休を取ることができる環境を作るとか、女性が早く復帰できる環境を作るとか、男女で昇格のスピードに差が出ないような制度を整えてほしいと思います」

時間制約があっても昇進が遅れない

青木さん（女性・技術系・子どもあり）は、待機児童を回避するため、第一子を生後6カ月で保育園に入れ、職場復帰した。

「1歳になってからだと保育園に空きがないのはわかっていたので、0歳の4月に保育園に入れました。夫の仕事は時間をかければかけるだけ良いものができるということを理解していたので、私が働く時間を調整しました。夫が朝の送り、私がお迎えを担当したので、時間外労働ができませんでした。時短は取らず、どうしても残業しないといけない時や出張に行く時は、夫にお願いしました」

職場の働き方と昇進については、このように語る。

「残業ができないことで昇進にひびくとは、あまり感じていませんでした。職場で残業している人は半分くらい。全員ではありません。職場はフレックスタイム制が導入されていて、自由裁量が認められています。朝遅く来て夜遅くまでやっている人もいるし、早く来てさっと帰る人もいて、スタイルは人それぞれです。長時間だから評価されるわけではありません。復帰して3年後に部下のいない管理職になりました。時間制約はありますが、昇進できたので良かったと思います」

その後、第二子を出産し、仕事と育児で忙しい日々を送っているが、第一子の時よりも、できる仕事量がわかるようになり、上司からの仕事のアサインにすぐにYES／NOの返事ができるようになったという。

ワーク・ライフ・バランスが取れる部門へ異動

和田さん（女性・技術系・子どもあり）は新卒で就職した企業を数年で退職、地元の企業に転職した。定年まで働きたいと思っており、子育て等のことを考えての決断だった。その後に結婚して第一子を出産するが、夫婦喧嘩が絶えなくなったという。

「自分ばかり育児をやっているのがいやだったので、2人目の時には夫が育休を取らないと産まない、と言いました。夫が育てるくらいではないと産まない、と脅迫して（笑）、夫は育休を取ることになりました。当時は男性で育休を取っている人は少なくて、会社で数人くらい。でも、夫の職場で1人先に育休を取っている人がいたので、取得できるのではないかと思いました」

将来のキャリアについては、次のように話した。

「間接部門のほうがワーク・ライフ・バランスを取りやすいことと、それまでやっていた仕事が役に立つと思い、何年か前から異動希望を出していて、第二子復帰時にそれがかないました。将来的には、本社で同じ分野の仕事をしたいと思っています。ゆくゆくはマネジメントの方もやってみたいと思います。40代半ばで管理職になる人が多いので、それくらいでなれるといいな、と思います。管理職になると業務量が多くなり、残業が増えたり、休日に対応したりするケースもありますが、子どもが大きくなったらできると思います。管理職になりたい理由は、権限のあるポジションで仕事をしたいから。権限があると責任がかかってくるので、身が引き締まる、会社の役に立っている、お客様の役に立っているという実感や達成感を、より感じられると思います」

ここまで、働き方改革が進んで子育てしながらも働きやすくなったり、時間に制約があっても昇進できたり、長期的なキャリアを考えてワーク・ライフ・バランスの取れる部門へ異動した事例を見てきた。仕事と育児を両立している人が働きやすい職場作りをすることが、やりがいを持ってキャリアを積み上げていくための土台となっているのだろう。いずれの事例でも、女性たちは、ふさわしい役職に就きたいと、昇進についての意欲を話してくれた。

もし、働きやすい職場作りが進まないまま、男性も女性と同等に育児を担うようになれば、「この働き方で管理職になるのは難しい」と、これまでの女性たちのように感じる男性が増えるだろう。社員をディスエンパワメントする職場の要因である、アンコンシャスバイアス(世代間ギャップの認識を含む)と働きやすさについて、対策は待ったなしである。

4　最重要課題はマネジメント層の変化

デュアルキャリア・カップルのウェルビーイング

社員が肉体的、精神的、社会的等の面で満たされた幸福な状態（ウェルビーイング）を実現できることは、企業の生産性向上にプラスの影響を与えるとの研究がある[2]。社員のウェルビーイング向上に貢献する取り組みは、生産性向上を通じて、企業経営の持続的発展に意義がある。

そして、企業が社員のウェルビーイングを実現するということは、社員が仕事と家庭のいずれにおいても、充実感を得られるよう夫婦それぞれが能動的にキャリアを形成し、仕事と家庭の両面で成長を実感する機会を持てるようにすることだ。社員がデュアルキャリア・カップルを志向し、これを実現できる環境を作っていくことは、企業にとってもそれぞれの夫婦にとってもメリットが大きい。そして、企業の環境作りのキーパーソンは、マネジメント層である。

これまで、企業は育児をする女性に対し、時間制約を前提にして、「仕事免除型」の取り組み（育児休業や短時間勤務制度の長期化、責任のある仕事から短時間でできる仕事への変更、異動等）で、仕事と育児の両立をサポートすることを主としてきた。これからは育児をしながら仕事でも成果を出し続けられるように、「仕事（キャリア）支援型」の取り組みが必要である。

フルタイム勤務でも無理なく仕事と子育ての両立を可能とする働き方改革や在宅勤務などの柔軟な働き方の導入に加えて、育児休業や短時間勤務からの早期の復職につながるように将来のキャリアを考える機会の提供、上司（管理職）とのキャリア面談などが必要であろう。

これからの管理職の仕事

第3章でみてきたように、マミートラックに入らないためには上司（管理職）の支援（仕事の難易度を下げずに、時間制約のある中で働くことのできるサポート体制）は不可欠だ。また、マミートラックから脱出することは容易ではないが、脱出の契機は、上司（管理職）のキャリアに関する前向きな支援、柔軟な働き方の機会の提供、妻に負担が大きい家事・育児分担の見直しなどであることを確認した。そして、それらを推進できれば、マミートラックから脱出することも可能である事例を多く紹介してきた。

企業側ができることとして、部下の産休・育休後の仕事復帰時のマネジメントに苦慮している管理職に、仕事の与え方やサポートの仕方等に関する情報を提供する支援が有効だ。加えて仕事復帰後にも、女性がキャリア展望を持てる取り組みをするとよいだろう。

しかし、今、多くの管理職は部下のマネジメントに頭を悩ませているのではないだろうか。職場のダイバーシティが進むほど、上司は多様な部下の多様な事情を汲む必要が出てくる。自身にアンコンシャスバイアスがあることを自覚して、一人一人の事情の違いに配慮する必要がある。1《ワン》オン1《ワン》ミーティング等による、日頃からのコミュニケーションが大切だ。

また、部下自身がバイアスにとらわれていることもある。しかし、褒める上司に勇気づけられた事例や、上司から期待を言葉で伝えられてモチベーションを保てた事例も紹介してきた。声掛け一つでうまくいく場合もある。

さらに、キャリア自律がいわれている昨今、本人が自身のキャリアについて考えていくことが基本となるが、それを企業としてサポートする必要もある。そのために、管理職は部下との面談の時間を取り、部下のキャリア志向やキャリア希望について理解を深めたり、適切なアドバイスをしたりすることも重要となる。

しかし、現在の管理職世代には、企業が主導するキャリアマネジメントによって昇進し、その結果、自身のキャリアについて深く考えたことがない人も多いと思われる。管理職研修の中に、部下のキャリア形成支援などに関する内容を含めるとよいであろう。

働き方改革の流れの中で、就業時間の管理は厳しくなる一方である。しかしながら実際の業務量は減っていないことが多いため、時間管理上、部下に任せられない業務は管理職が引き受けて処理しなければならず、長時間労働になりやすいという状況もよく耳にする。部下たちの仕事まで引き受けて残業している上司を目の当たりにする部下が、「あのような役割はやりたくない」と思うのは自然である。

かつては、主に女性たちがそう言っていたが、最近では、仕事と家庭との両立を望むミレニアル世代の男性も、同様の反応を示すことが多くなっている。実際、男性の残業の多寡は、その上司の、男性であれば残業して当然という考え方の有無にも左右されるというデータもある。財団ミレニアル世代夫婦調査によれば、「上司は、子どもがいる男性部下に対し、躊躇なく、残業が必要な仕事や急な残業を命じていると思う」と感じている男性では、毎日、常に残業を2~3時間以上している人が半数以上（50・5%）を占める。

第2章で紹介したように、育児休業を取得しやすかったという男性は、上司（管理職）が先に取得していたからだったり、海外赴任経験のある上司（管理職）の家庭と仕事とのバランスの取り方を見習っていたりと、上司が職場風土に大きな影響を与えている事例が多い。

管理職になると家庭を犠牲にしなければならないことが目に見えているために、今後の昇格・昇進を不安視する男性、逆に早く管理職になって家庭を犠牲にしなくても活き活きと仕事ができる環境を整えたいと思っている男性の事例もあった。

男性が家事・育児に参画することは、仕事にも好影響があることも明らかになっている（第2章参照）。管理職という重要な役割になったがゆえに家事・育児とキャリアを両立する生活を手放さなければならないことは、本人にとっても企業にとってもマイナスである。

これからの管理職像

現在は、「仕事だけに注力できる人」が管理職の中心となっている。少子高齢化による労働力不足の側面からも、ここまで見てきたミレニアル世代以降の価値観からも、今後「仕事だけに注力できる人」を潤沢に確保できる企業は少ないだろう。

管理職になるための条件として、複数拠点での業務経験が必要な企業もある。夫婦それぞれが仕事にまい進している場合、単身赴任を検討したり（子どもがいる場合は、夫婦のいずれかがワンオペ育児となる）、いずれかのキャリアを断念したりという問題が生じる。そもそも、転居を伴う転勤による複数拠点での勤務経験は、管理職になるにあたって本当に必要なのか、その目的から見直す必要があると考えられる。

さらに、一定の年齢（年次）にならないと管理職になれない、逆に一定の年齢（年次）を超えると管理職になれないというルールも変更の必要があるだろう。子育てがひと段落してからの方が、より責任ある仕事にまい進できる人も多いのではないか。デュアルキャリア・カップルが増えれば、それは男女ともに該当することになる。管理職としての能力発揮は、誰もが同じタイミングでピークを迎えるとは限らない。年齢（年次）にかかわらず、能力を見極めることが重要なはずである。他にも、これまで管理職になるための条件としていたものの目的と、その合理性を確認する必要がある。

また、これまでは一般的に管理職はゼネラリストであることが求められてきたが、スペシャリストの管理職がいてもいいのではないか。自律的なキャリアを歩もうとしているミレニアル世代は、ゼネラリストよりもスペシャリストを目指す傾向があると考えられる。ジョブ型雇用を志向する昨今において、スペシャリストの上司にこそリーダーシップを発揮してほしいと思う部下も多いのではないか。

管理職になる条件の見直しに際しては、自社の各組織にとって望ましい管理職像はどういったものなのか、改めて明らかにすべきである。それに基づいて必要な管理職を育成するための方法を一から考え直す時が来ているのである。

新たな管理職像は、一つの固定的な像でないかもしれない。ベースとなるのは企業の成長を促すことに加え、職場の心理的安全性を保てる管理職像であろう。管理職像が変われば、マネジメントの方法にも変化が求められる。管理職同士が連携してマネジメントすることもできるだろう。新しい方法、多様なスタイルがあってもいいはずだ。

第5章のまとめ

ここまでみてきたように、様々な事情のある人が管理職となって活躍できない会社は、健全な組織とはいえない。管理職自体の、つまり経営層を含めた組織全体のダイバーシティ＆インクルージョンの推進が望まれているのである。

２０２３年６月に公表された「女性活躍・男女共同参画の重点方針２０２３」（女性版骨太の方針２０２３）において、女性活躍と経済成長の好循環の実現に向けた取り組みの推進として「プライム市場上場企業において、２０３０年までに女性役員の比率を30％以上とすることを目指す」と掲げられた。

管理職になるための経験を積ませ、成長を促すことは、一朝一夕にはできない。取締役会や中核人材の多様性向上のために女性の登用が謳われているにもかかわらず、これまでのように「仕事だけに注力できる人」しか役員になれないとしたら、その本来の意義が達成できているとはいえないだろう。適切な人材育成と同時に、マネジメント層の改革も必要だ。デュアルキャリア・カップルが増えるよう、働きやすい職場を整えることが、全ての起点になるのである。

1　2020年　独立行政法人国立女性教育会館「『男女の初期キャリア形成と活躍推進に関する調査』結果―入社5年目で何が変わったのか―」2015年10月に第一回調査（入社1年目）を実施後、毎年10月に追跡調査を実施。2019年10月に第五回調査（入社5年目）を終了。

2　2012年5月ハーバード・ビジネス・レビュー　ショーン・エイカー「ポジティブ思考の知能指数」

解説：〈共働き・共育て〉が当たり前の社会を実現するために[1]

佐藤博樹（東京大学名誉教授）

1　はじめに

本書が議論の対象として取り上げるカップルは、単に〈共働き〉というだけでなく、夫婦それぞれがお互いのキャリア希望を尊重してキャリアの実現をサポートし合い、かつ子育てや家事などをともに担っているものである。さらにそれぞれの働き方では、フルタイム勤務のいわゆる正社員である。こうした共働き夫婦を〈デュアルキャリア・カップル〉と呼称すると、共働きが増えているものの、そうしたカップルに該当する夫婦は増えていない。

こうした現状を打開するために本書は、子どもがいる共働き夫婦を分析に取り上げ、その中でデュアルキャリア・カップルに該当するものとそうでないものを比較することで、デュアルキャリア・カップルとしてのライフ・キャリアを実現するために必要となる夫婦それぞれに求められる取り組みや、勤務先の管理職の支援の在り方を調査に基づいて検討している。

本書が取り上げている共働き夫婦は、１９８０年から１９９５年に生まれた人々で、調査時点では26歳から40歳である。こうした特定の世代のカップルを調査対象としたのは、この世代は男女ともに、この前の世代とは異なるキャリア観や結婚観、さらには子育てに関する考え方を抱いていると想定したことによる。ただし、調査対象とした世代のキャリア観などを前の世代と比較するための分析は行われていない。そこで、この点に関して本解説で触れることにしたい。

また調査対象とした世代が、企業に就職した時代は、その前の世代の時代とは異なり、男女雇用機会均等法や育児・介護休業法の改正などを通じ、企業における女性の活躍の場の拡大や両立支援制度の整備、さらには男性の子育て参画の促進などの取り組みが制度面で始まった時期に該当する。例えば、アンケート調査の対象には高卒など大学以外も含まれるが、大卒を想定すると、調査対象者が大学を卒業して就職した時期は、2000年代の初めから2010年代の半ばとなる。

この時期は、2005年に一定規模以上の企業に社員に関する子育て支援の計画の作成を義務付ける次世代法が施行され、また2007年の改正均等法の施行で男女双方への差別が禁止されている。さらに、学校教育では、家庭科の男女共修（中学は1993年から、高校は1994年から）がスタートしており、調査対象の男性はこうした教育を受けた層となる。

つまり、調査対象の世代は、共働きだけでなく、デュアルキャリア・カップルを支援する社会や企業における仕組みが整備され始めた時代にあったといえる。しかしすでに述べたように、デュアルキャリア・カップルが増えていない現実がある。

2　意識調査からみた調査対象の世代の特徴

〈共働き・共育て〉に関わる日本人の意識の変化に関して実証的に確認しよう。意識の変化を確認するためには、同じ調査枠組（調査対象の選定方法等）、かつ同じ調査内容で継続的に実施されている調査が必要となる。個人を対象とした様々な意識調査が日本で実施されているが、上記に条件を満たす調査は極めて少ない。こうした中で、ＮＨＫ放送文化研究所が実施している「日本人の意識」調査は右記の条件に当てはまる数少ない調査である[2]。

「日本人の意識」調査は、全国の16歳以上の国民を対象として、１９７３年から5年ごとに、概ね同じ調査方法、同じ質問で継続的に実施されている。１９７３年から5年ごとに実施されている調査のため、本書の分析対象層の意識に関しても確認できる。ここで取り上げる意識に関する設問は、「日本人の意識」調査の中の理想とする家庭像（夫婦の関係）や結婚観（仕事と結婚の関係）、さらには夫の子育て参加の3つである。

まず人々が理想とする家庭像の推移を取り上げよう。調査では、理想の家庭像を4つ提示し、最も好ましいと考えるものを一つ選択するように求めている。1973年には「父親は仕事に力を注ぎ、母親は任された家庭をしっかりと守っている」（性役割分担）が39％で最も多かったが、この選択肢の回答はその後の調査ごとに減少し、2018年では15％まで減少している。同時に、「父親は一家の主人としての威厳をもち、母親は父親をもりたてて、心から尽くしている」（夫唱婦随）も1973年の22％から調査ごとに減少し、2018年では8％に過ぎない。

この間に若い世代を中心に増加したのは「父親はなにかと家庭のことにも気をつかい、母親も暖かい家庭づくりに専念している」（家庭内協力）と「父親も母親も、自分の仕事や趣味をもっていて、それぞれ熱心に打ち込んでいる」（夫婦自立）で、2018年には〈家庭内協力〉が48％で最も多く、これに次いで多いのは〈夫婦自立〉で27％を占めた。デュアルキャリア・カップルは〈夫婦自立〉に近いものと考えると、若い世代でも〈夫婦自立〉が最多ではないものの、2013年からの増加傾向を確認できる。

次に家庭と女性の職業の関係を取り上げると、「結婚したら、家庭を守ることに専念したほうがよい」（家庭専念）と「結婚しても子どもができるまでは、職業をもっていたほうがよい」（育児優先）の両者は、１９７３年以降の調査ごとに減少を続け、他方で、「結婚して子どもが生まれても、できるだけ職業をもち続けたほうがよい」（両立）が増加し、２０１８年では〈両立〉が男女計で60％になり、１９７３年の20％から40ポイントと大きな増加幅である。各調査年毎に男女年齢階層別に比較すると男女ともにいずれの年齢階層でも〈両立〉が増加している。また、男女ともに〈両立〉の増加が確認できるが、男性に比較して女性では、いずれの調査時点でも〈両立〉が10ポイントほど高い。つまり、男性に比較して女性の方が〈両立〉志向が高いことが確認できる。

さらに夫の家事参加に関する意見を見よう。「台所の手伝いや子どものおもりは、一家の主人である男子のすることではない」（すべきでない）と「夫婦は互いにたすけ合うべきものだから、夫が台所の手伝いや子どものおもりをするのは当然だ」（するのは当然）の回答をみると、１９７３年でも〈するのは当然〉が53％と過半を占めていた。その後、この回答は調査ごとに増加し、２０１８年では89％と大多数を占めている。男女別にみても年齢階層別にみても〈するのが当然〉が多数となる。

１９７３年から２０１８年までの日本人の意識の変化を確認すると、若い世代を中心に、理想の家族増では〈夫婦自立〉が、家庭と女性の職業の関係では〈両立〉が、夫の家事参加では〈するのは当然〉が増えていることが確認できた。つまり、望ましさという価値観の面では、〈共働き・共育て〉を希望するカップルが増加していると判断できる。次に〈デュアルキャリア・カップル〉に該当する共働き夫婦が実態として増加しているかを確認しよう。

3　増加している「共働き世帯」は〈デュアルキャリア・カップル〉か？

専業主婦世帯が減少することで1990年代半ば以降は共働き世帯数が専業主婦世帯数を上回り、最近では共働き世帯数が専業主婦世帯数の2倍ほどに達しており、〈共働き〉が一般化していると主張されることが多い。しかし、共働き世帯を図6－1のように妻をフルタイム勤務（週35時間以上就業）とパートタイム勤務（週35時間未満就業）に分けると、共働き世帯数の増加は、主に妻がパートタイム勤務の共働き世帯の増加によることがわかる。他方、妻がフルタイム勤務の共働き世帯は、最近でも486万世帯と、500万を下回る。

このデータは、フルタイム勤務を週の就業時間を35時間以上と定義しているため、フルタイム勤務のすべてが正社員とは限らず、フルタイム勤務でも有期契約の非正社員が含まれている可能性と、男性雇用者もすべて正社員と限らず、有期契約の非正社員が含まれている点に留意が必要である。ただし、総務省統計局「就業構造基本調査」（2022年）によると

図6－1　共働き等世帯数の推移（妻が64歳以下の世帯）

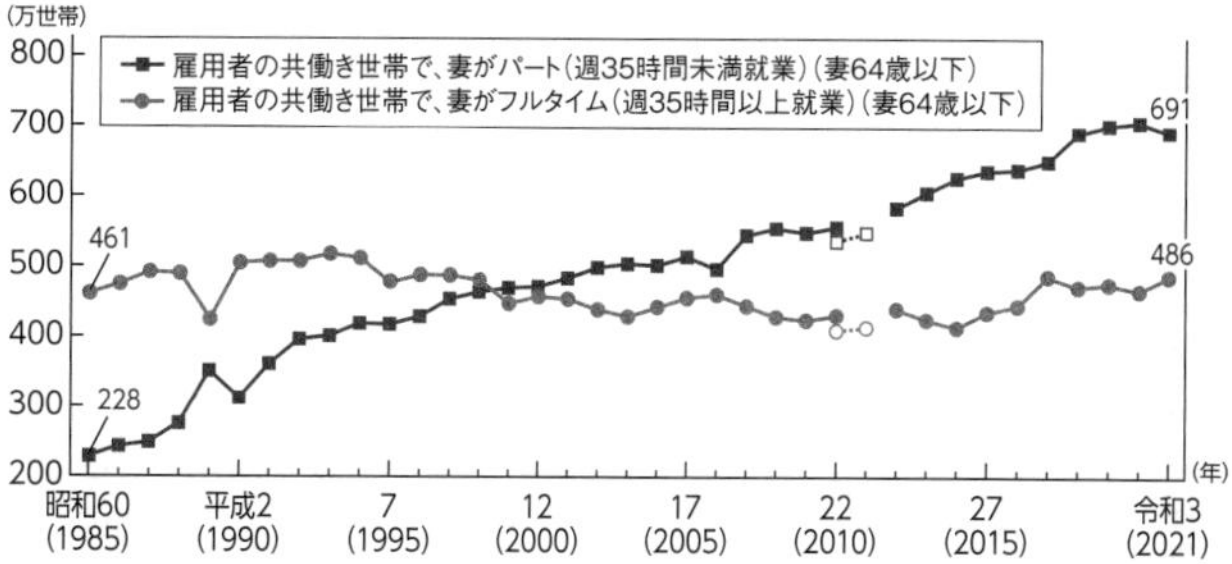

1. 昭和60年から平成13年までは総務庁「労働力調査特別調査」（各年2月）、平成14年以降は総務省「労働力調査（詳細集計）」より作成。「労働力調査特別調査」と「労働力調査（詳細集計）」とでは、調査方法、調査月等が相違することから、時系列比較には注意を要する。
2. 「雇用者の共働き世帯」とは、夫婦ともに非農林業雇用者（非正規の職員・従業員を含む）かつ妻が64歳以下の世帯。
3. 平成22年及び23年の値（白抜き表示）は、岩手県、宮城県及び福島県を除く全国の結果。

※本書18頁の世帯数とは依拠する労働調査の年数が異なる。

出所／男女共同参画白書　令和４年版

男性雇用者では正社員が多く、他方、女性雇用者とりわけ既婚女性の雇用者で非正社員が多いことから、夫婦がともにフルタイム勤務の正社員のカップルは増えていないと想定できる。

　専業主婦世帯が減少しているにもかかわらず、夫婦がともにフルタイム勤務の正社員のカップルがなぜ増えていないのか。これまでとは異なり、正社員として就業した女性が、結婚を契機に退職する事例は減少している。また、出産まで就業継続していた女性正社員では第一子出産後も育休を取得して就業継続する人が増えている。国立社会保障・人口問題研究所「出生動向基本調査」によると、正社員女性では第一子出産後に就業継続する者が２０００年代半ば以降には5割程度となり、その後も増加傾向にある。

例えば、「第1子の妊娠がわかったとき」に就業していた女性正社員（妻）に関して、「第1子が1歳のとき」も正社員として就業していた割合をみると、第一子出生年が２０１５年から２０１９年では育休利用での就業継続者が68％、育休を利用しない就業継続者が７％で、この両者を合わせると75％となる。育休を利用した就業継続者の継続就業率のみでは、第一子出生年別では２０００年から２００４年が35％、２００５年から２００９年が46％、２０１０年から２０１４年が59％、２０１５年から２０１９年が68％と増加してきている。

以上のように結婚や出産というライフイベントがあっても正社員として就業継続できる両立支援制度が企業に整備されてきているものの、後述するように女性に関して正社員就業を阻害する要因や、正社員就業できても希望するキャリアの実現を阻害している要因がいまだに存在するのである。この点を次に取り上げよう。

4 結婚した女性が正社員として就業することの難しさ

第1は、正社員として就業している既婚女性では、配偶者の転勤を理由に離職し、無業になったり、配偶者の転勤先の地域でパート勤務など有期契約社員として再就業したりする者が少なくないことがある。配偶者が正社員として勤務している場合は、男性の側も勤務先での転勤への対応が難しくなるが、現状では女性が退職する事例が多い。この背景には、正社員女性では、男性に比較して勤務先における将来のキャリアが明るくないと感じている者が多いこともあろう。

ただし、女性の活躍の場の拡大を真剣に考えている企業では、自社の女性正社員の職域拡大や人材育成のために、これまでの転勤管理の在り方の見直しに着手したり、リモートワークを導入することで異動なき転勤を実現したりする企業も出てきている[3]。たとえば、Indeed Japan 株式会社の調査[4]によると、転勤経験者で直近の転勤先が引っ越しを必要とする地域にあった者（717人）のうち、リモートワーク等の利用で居住地変更（転勤）をしなかったのが19％と、2割ほどを占める。転勤問題解決の新しい動きである。ただし、こうした企業は現状で少数であり、正社員として働く共働き夫婦にとって、それぞれの勤務先の転勤の在り方は、就業継続やキャリア形成の在り方を左右する課題となっている。

第2は、共働き夫婦の女性社員は、出産・子育てのライフイベントがあっても産休や育休を取得して就業継続できるようになったものの、その後の就業継続やキャリア形成の課題は、フルタイム勤務に戻ると仕事と子育ての両立が難しく、短時間勤務を長期間にわたり利用せざるを得ないことにある。仕事と子育ての両立のための短時間勤務制度は、法定は子が3歳になるまでであるが、法定を上回る期間利用できる制度を導入している企業、とりわけ大企業が少なくない。厚生労働省「雇用均等基本調査」で2022年における育児のための短時間勤務がある事業所における最長利用可能期間をみると、法定の「3歳未満」が最多で56%であるが、法定を上回る制度を導入している事業所も多く、その中でも「小学校入学以降も対象」を合計すると26%を占める（事業所規模500人以上では64%）。

短時間勤務の利用可能期間を企業が延長してきた背景には、フルタイム勤務に戻ると、残業することを期待される職場状況があることや、パートナーが家事・子育てをほとんど担わないため、女性が一人でも仕事と子育ての両立ができる働き方が不可欠で、短時間勤務の利用期間の延長を希望する者が多かったことがある。短時間勤務の利用可能期間を法定以上に延長することは、仕事と子育ての両立に貢献するものであるが、女性のキャリア形成、とりわけ仕事経験による能力伸長（ＯＪＴ）にはマイナスの影響を及ぼすものでもあった。

例えば、6時間勤務の短時間勤務では、8時間勤務のフルタイム勤務と比較すると、仕事の経験量は8分の6となり、短時間勤務の8年間は、フルタイム勤務の6年間の仕事の経験量となる。それだけでなく、短時間勤務者に関してはその保有能力に見合った仕事を割り振ることに難しさを感じている管理職も多く、とりわけ短時間勤務の利用期間が長くなると、制度利用者に対して定型的な業務を割り振りがちとなる状況が確認されている。同時に、短時間勤務の利用期間が長くなると、短時間勤務者も次第に自身のキャリアよりも子供の成長に関心を置きがちになる事態が生じることになることも指摘されている[5]。

第3に、第2で指摘した課題の背景には、子どもがいる世帯の男性が子育てや家事に参画せず、そのため女性が一人で子育てや家事を担う〈ワンオペ育児〉の存在がある。第1章（19頁）で言及している通り、6歳未満の子供のいる世帯における男性の子育て・家事参加の時間に関して、妻が専業主婦である場合と就業している場合を比較すると、両者の差はほとんどない。つまり、就業している子育て中の妻は、仕事に加えて、子育てと家事を一人で担うことになり、仕事と子育ての両立のためには短時間勤務を長期に利用することになったり、2人目以降の子どもを希望する場合では、仕事と子育ての両立を諦めて離職を選択したりすることにもなるのである。

男性の子育て・家事参加が極めて低調なのは、勤務先の長時間労働の存在がある。例えば、**図6-2**は、「就業構造基本調査」（2022年）で年間200日以上就業する30歳代と40歳代の正社員に関して、男女別に週労働時間を表示したものである。週49時間以上の就業は、毎日2時間程度以上の残業をしていることになり、そうした働き方は男性正社員では3割程度を占める。

こうした長時間労働の職場では、男性の子育て参画が難しいでだけでなく、そうした職場で働く子育て中の女性は、残業があるフルタイム勤務に戻ると仕事と子育ての両立が難しくなるため、短時間勤務を長期に利用することになりがちとなるのである。さらに、女性に関しては仕事と子育ての両立に理解のある職場が増えてきているが、男性の部下に関しては、いまだに仕事優先の働き方を期待する管理職が少なくないことがある。

第4に、第3にも関係するが、男性の育児休業取得率が低いことがある。第1章（24頁）で言及しているように、男性の育休取得率が漸増しているものの、2022年度では17・13%と2割を下回る。男性は育休取得率が低いことに加えて、育休の取得期間が短く、「雇用均等基本調査」によると2021年度では、女性の8割以上が10か月以上の取得期間であるのに対して、男性の取得期間は5日未満が25・0%、5日から2週間未満が26・5%、2週間から1か月未満が13・2%と、半数が2週間未満となる。男性の育休取得率が低い要因に関してメアリー・C・ブリントンは、男性は仕事中心で、妻は家事・育児を担うという「男性稼ぎ手モデル」を前提とした固定的な働き方や職場風土があることが、男性の育休取

図6－2　〈男女別〉壮年正規職員・従業員の過労働時間の分布（2022年）

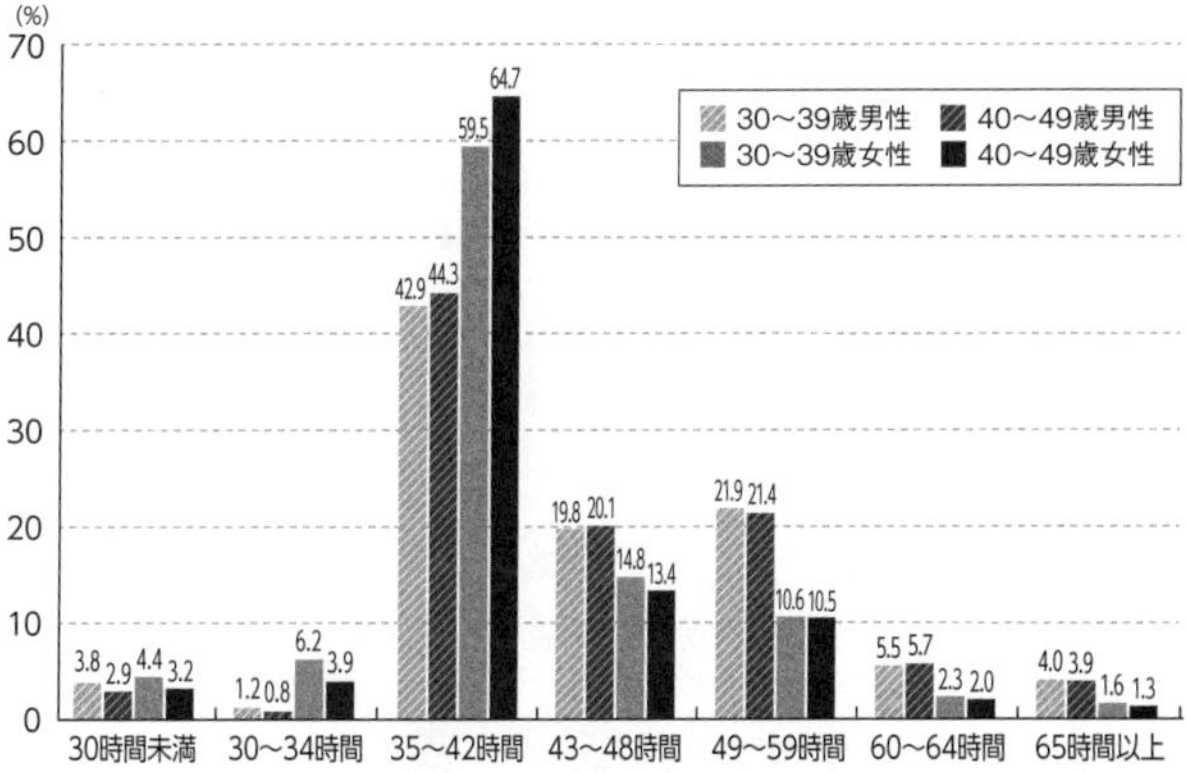

出所／「就業構造基本調査」（2022年）より筆者（佐藤）作成。年間200日以上の就業者が対象

得を難しくしているとする[6]。

　また、齋藤早苗は、日本で男性の育休取得が難しいのは、性別役割分業意識の存在のみでなく、〈仕事優先〉の時間意識の影響が大きく、それが仕事優先の働き方を要請し、男性には仕事、女性には家事・育児を選択するように迫る現状を指摘する[7]。

　つまり、男性の育休取得が一般化するためには、「男性稼ぎ手モデル」を前提とした固定的な働き方や〈仕事優先〉の時間意識を改革し、仕事だけでなく、家事・育児を含めて仕事以外の生活への男性の参画による「共働き・共育てモデル」への転換が求められることがわかる。

5 〈共働き・共育て〉が普通の社会のために

最後に、〈デュアルキャリア・カップル〉が普通の社会となるために必要となる取り組み課題を検討しよう。

第1に、学校を卒業して最初に勤務した企業における初期キャリアの段階から、つまり結婚や出産というライフイベントを経験する前の段階において、仕事やキャリアに関して適職意識や自己効力感を獲得できることが重要になる。この点は、男性も同じであるが、女性の場合では、キャリア継続にとってとりわけ重要となる。結婚や出産などのライフイベントを経て、仕事と家庭生活や子育ての両立を実現するためには、パートナーの参画がない状況では、女性の側に負荷がかかることが多いことによる。適職意識や自己効力感を欠いた状態では、仕事と家庭生活や子育てとの両立に困難を感じた場合に離職を選択したり、就業継続する場合でも短時間勤務を長期に利用することになりかねないのである。短時間勤務などを含めて仕事と子育ての両立しやすい仕事や働き方でも、能力に見合った仕事が担当できなかったり、キャリア展望を持てない、いわゆる〈マミートラック〉に置かれていても、そこから抜け出す努力をしなかったり、その状況に甘んじることにもなる。

男女ともに仕事やキャリアに関して適職意識や自己効力感を獲得できることが重要になる

が、男女で経験できる仕事や能力開発機会に差があり、女性が不利な状態にあることが知られている。例えば、大企業8社に新卒で採用され、勤続年数が5年から15年未満の総合職（例えば転勤の可能性有）の大卒以上の正社員（男性１４６２人、女性５２９人）に職場での仕事経験などに関して男女で有利・不利があるかどうかを尋ねた結果によると、次のようになる。なお、同調査は２０１４年に実施されたため、対象となった勤続年数から判断すると調査対象者の入社年は１９９９年から２００９年頃で、本書の分析対象者と重なる。

設問は、「現在の会社でのこれまでのご自身に対する会社や上司の期待、仕事の与えられ方、研修参加機会などの面で、同年代の男性総合職と女性総合職を比べて、有利・不利を感じたことがありますか」である。調査結果によると、それぞれの選択肢に関して「有利・不利はない」との回答が男女ともに多いものの、「上司や先輩から厳しく指導される機会」や「担当する仕事の内容」さらに「出張の機会」では、「男性が有利」の割合が男女ともにかなりの比率を占める。また、女性では「職場や会社に関する情報入手の機会」や「上司や先輩から声をかけてもらう機会」は「男性有利」が20%弱となる。こうした仕事経験や上司などの指導における男女差が、女性の能力向上機会にマイナスの影響をもたらしている可能性が高いと判断できる。

女性の採用や初任配属、さらに職場外での研修機会などにおける男女の機会均等化は、企業の人事セクションによる取り組みが可能となるが、配属先職場における仕事経験や上司などによる指導機会における男女の均等化は、当該職場の管理職のマネジメントによる部分が大きい。そのため女性を含めて多様な部下をマネジメントできる管理職の育成や登用が重要な課題となる[8]。

第2に、管理職を含めた全社員の働き方改革である。正社員として働く子育て中の女性が、短時間勤務など両立支援制度を利用しないと仕事と子育ての両立が難しい背景には、残業を前提としたフルタイム勤務の働き方と、パートナーが家事や子育てを担うことが極めて少ないということを指摘した。前者の課題の解決には、子育て中の社員だけでなく、管理職を含めた全社員の働き方の改革が不可欠となる。

「働き方改革関連法」施行以降、働き方改革に取り組む企業が増えているが、その取り組みの内容は、残業時間の削減が主であり（狭義の働き方改革）、「残業を前提とした働き方」の解消（広義の働き方改革）に取り組む企業は少ない。ちなみに「働き方改革関連法」の目的の一つは、残業前提のフルタイム勤務の働き方を改革し、多様な人材が活躍できるようにすることにある（図6-3）[9]。

図6－3　2つの働き方改革

	狭義の働き方改革	広義の働き方改革
目的	長時間労働の解消	「働き方改革」を通じて、 ①多様な人材が活躍できる職場とすること ②安易な「残業依存体質」を解消し、結果として長時間労働を解消すること
手法	残業規制など	仕事や仕事の仕方、およびマネジメントの見直し ⇒時間当たり生産性を意識する働き方へ
課題等	残業を削減することが目的になると、不払い残業の潜在化のリスクも	残業がない職場でも働き方改革は不可欠

出所／筆者（佐藤）作成

この目的を実現するためには、過度な長時間労働の解消は不可欠であるが、残業を削減すればこの目的が実現できるわけではない。例えば、東京圏居住で通勤時間約1時間、小学校1年生の子どものいる男性正社員が勤務する企業で働き方改革が行われ、毎日2時間の残業が1時間に半減したとしよう。午前9時から18時までの勤務（昼1時間休憩）で残業1時間だと、退社時刻が19時になっても、帰宅時刻は20時以降となる。20時以降の帰宅では、小学校1年生の子どもと夕食をともにすることは難しい。平日に親子で食卓を囲むためには、遅くとも19時までの帰宅が必要で、毎日1時間の残業ではそれが困難となる。

さらなる残業削減が難しい場合では、出退

時間を自己管理できる働き方への移行が鍵となる。週5時間の残業がそのままでも、残業ゼロで定時退社する日とまとめて残業する日を選択したり、フレックスタイムで出退時刻を調整したりすることができるようになると、少なくとも週2日程度は、家族で食卓を囲むことができる。つまり、働き方改革では、残業時間の削減だけでなく、残業する日や出退勤時刻を社員それぞれが自己管理できるようにすることや、在宅勤務を選択できる柔軟な働き方の定着が大事になるのである。

フルタイム勤務で働くカップルが、それぞれ週2日や週3日を定時退社にすることができ、かつカップルで家事や育児を分担できれば、正社員女性が、短時間勤務からフルタイム勤務に早期に復帰することが可能となろう。ちなみにコロナ禍で在宅勤務が急拡大した際、短時間勤務を利用していた正社員女性が、在宅勤務であればフルタイム勤務が可能となるため、短時間勤務からフルタイム勤務に戻った事例が少なくなかった。

第3に、カップルでの子育てに貢献する取り組みの一つは、男性の育休取得の一般化である。その際、男性の育休取得の目的は、カップルでの子育ての実現にあるとすれば、男性の育休取得が、その後の長い子育てにおける男性の子育て参画に貢献するようにすることが大事になる。中里英樹は、そうした変化を引き起こすためには、短期の育休取得や妻の産休中の育休取得などではなく、ある程度の長期でかつ「父親の単独育休の取得」が不可欠だとする。「単独育休」とは、「特に妻が職場に復帰し、ある程度長期に単独で休業を取得することで子育ての完全な担い手となること」であり、その経験は「母親でなければできないと考えられてきたことがらを、その思い込みを解き放つことに」つながり、さらには「社会全体での働き方の仕組みの転換への鍵となる可能性」を持つと提起している[10]。

第4に、カップルがパートナーのキャリア希望を尊重して、お互いのキャリアの実現をサポートし合い、かつ子育てや家事などをともに担っていくためには、お互いが希望するキャリアなどに関して結婚前や結婚後におけるコミュニケーションを行うことが鍵となる。そうしたコミュニケーションのために、ぜひカップルで、本書を読まれることをお勧めしたい。

最後に、正社員の中でも女性がさらにいわゆる総合職に進出し、かつ結婚や出産、さらに子育てなどのライフイベントの課題に直面しても、多様な職場で活躍できるようになるためには、管理職を含めた全社員の働き方改革（残業を前提とした働き方の解消）と柔軟な働き方の導入、多様な部下をマネジメントできる管理職の育成・登用、男性の子育て参画によるカップルでの子育ての実現が鍵となる。

1　本解説は、佐藤博樹（２０２３）「正社員として働く女性が増えているのか？　―両立支援から活躍支援へ」『日本労働研究雑誌』（12月号）の一部を利用している。

2　この節のデータは、ＮＨＫ放送文化研究所（２０２０）『現代日本人の意識構造（第九版）』ＮＨＫ出版による。

3　詳しくはワーク・ライフ・バランス&多様性推進・研究プロジェクト（２０１６）「ダイバーシティ経営推進のために求められる転勤政策の検討の方向性に関する提言」を参照されたい。http://wlb.r.chuo-u.ac.jp/survey_results_j.html から入手できる。以下同じ。

4　Indeed Japan 株式会社（２０２３）「転勤に関する調査詳細データ集」（転勤に対するイメージに関する調査）。20歳から50歳代の男女正社員４４８０人に対して実施。「労働力調査」における「正規の職員・従業員」の構成比で補正している。

5　詳しくはワーク・ライフ・バランス&多様性推進・研究プロジェクト（２０１３）「短時間勤務制度利用者の円滑なキャリア形成に関する提言〜短時間勤務制度の運用に関する実態調査」を参照されたい。

6　メアリー・C・ブリントン（２０２２）『縛られる日本人：人口減少をもたらす「規範」を打ち破れるか』中公新書。

7　齋藤早苗（２０２０）『男性育休の困難：取得を阻む「職場の雰囲気」』青弓社。

8　ワーク・ライフ・バランス&多様性推進・研究プロジェクト「提言　女性部下の育成を担う管理職に関して企業に求められる対応」（２０１８）は、管理職の部下マネジメントにおける部下の性別による

「育成行動」の違い、さらにフルタイム勤務と子育て中の女性が利用することが多い短時間勤務という部下の勤務形態の違いによる「育成行動」の違いを明らかにしている。

9 働き方改革に関しては、佐藤博樹・松浦民恵・高見具広（2020）『働き方改革の基本』中央経済社を参照されたい。

10 中里英樹（2023）『男性育休の社会学』さいはて社。

あとがき

女性活躍推進についての発信をすると、「女性活躍推進ではなく、ＤＥＩ推進をするべきだ」「女性に対しては、もう十分に対応している」「性別にこだわるのは古いのではないか」「もう次のステージに行くべきだ」といった反応が来るようになった。女性だけでなく、障がい者、ＬＧＢＴＱ、外国籍社員等、全てのマイノリティを含めたＤＥＩ推進こそが大切だという意見だ。

もちろん、私たちはそれらのマイノリティについて考え、あらゆる人が望むように活躍できる社会を見据えている。しかし、現実は〝マイノリティの中のマジョリティ〟である女性の問題が、まだ解決していないのだ。

私たち21世紀職業財団は、調査研究と同時に、企業のＤＥＩ推進に関する従業員調査やコンサルティングも行っている。その中で、多くの女性たちがまだ、分厚い壁に阻まれている姿を日常的に目にしている。

また、女性活躍推進は、マジョリティである男性がすでに活躍している、という前提で女性にフォーカスしている。しかし、男性でも活躍できていなかったり、求められている活躍に不満を持っていたりする場合も多い。当事者たちの「声」を聞き、本質を考えることが大切だと、私たちは考える。

本書で紹介している21世紀職業財団「ミレニアル世代夫婦調査『子どものいるミレニアル世代夫婦のキャリア意識に関する調査研究～ともにキャリアを形成するために～』」のインタビューは、一人一人の思いや経験であり、同じことを他の人がやっても、同じ結果になるとは限らない。だが、その人がなぜそう思ったのか、なぜそういう行動を取ったのかを考えることは、きっと役に立つ。アンケート調査で得られる数字だけでは見えてこない、本質がそこにはある。無機質な数字だったものが、血が通った人間像として浮かび上がることによって、共感や理解がしやすくなるだろう。また、それぞれの人間像が浮かび上がることは、まさしく多様性の理解に他ならない。

本書の出版に際し、佐藤博樹先生に深くお礼を申し上げる。調査研究プロジェクト発足時から多大なご指導を頂き、「インタビューを主体にした本を出したいね」ともおっしゃってくださった。このインタビューにたくさんの価値ある内容が埋もれていると考え、書籍化を視野に入れていた私たちは、佐藤先生のお言葉に支えられる形で、最後まで自信を持って執筆することができた。ＤＥＩ推進に携わる者として、この分野の第一人者であられる佐藤先生に解説を書いていただけたことは、身に余る光栄であった。実際に本を手にするまで、実感が湧いていないのが本音であるが、本当に感謝の言葉しかない。

また、本の執筆にあたって、励まし、応援してくださった公益財団法人21世紀職業財団の皆さんにも感謝をお伝えしたい。

そして、出版の機会をくださった光文社新書編集部の小松編集長と永林氏に感謝を申し上げたい。

小松編集長との出会いなくして、この本は成立しなかった。一時は出版を諦めかけていた私たちを見つけてくださったことに、ただただ感謝している。また育休から復帰したばかりという永林氏をアサインしてくださったことも、大変ありがたかった。

永林氏は多忙の中、まさしく当事者として、思うところをぶつけてくださったのではないだろうか。ＤＥＩ分野にどっぷりつかっている上に、若干（？）ジェネレーションが違う私たちに的確なアドバイスをくださり、大いに助けられた。

そして、何よりも、インタビューに応じてくださった方々に、心からの御礼を申し上げたい。インタビューは２０２０年の夏、初めて経験する緊急事態宣言下で行った。コロナ禍によって、一気に普及したリモート会議システムを使うことで、遠方の方とも繋がることができたのは、私たちにとっては幸いなことであった。

お話を聞かせてくださったお一人お一人に御礼を書きたいところだが、かなわないことをお許しいただきたい。またこの調査研究の意義に賛同し、素晴らしい方々を紹介くださった企業のご担当者様にも深く感謝を申し上げる。

本書の出版にあたり、インタビューさせていただいた方とのメールのやりとりがあった。出版を喜んでくださるメッセージをたくさん頂き、それだけでも、この本を書いた甲斐があったと感じた。その中で、お子さんの成長とともに新たに発生した悩みを共有してくださった方々がいた。深く考えさせられる内容だったので、それらのメールの一部を紹介したい。

「上の子どもが小学生となり、保育園児２人の時に比べていろいろと融通がきかなくなり、いわゆる『小１の壁』的な洗礼を受けております。働き方自体は以前とほぼ変えておりませんが、学校行事や学童問題、長期休みの対応など、今となっては育休云々や職場復帰云々より調整が付きづらいという意味で大変、と思ったりもしています。一度入れたら〝原則安泰〟な保育園とは違い、学童は毎年、継続して入れるかどうかわからないというのも、不安定要素になっています。育休や復帰後の職場の制度や保育サービスの拡充に比べ、小学校以降の環境が時代の変化に追いついていないという印象で、長期的なキャリアを考えると、結構大きな問題と感じています」

「子どもが中学生になって、保育園・学童時代よりも早く帰宅する必要があり、新たな難しさに直面しております。小学校高学年時代は習い事が忙しく、夫婦で残業できる日が戻っていたのですが、中学生は部活があっても意外と帰宅が早く、習い事もあまりしないので、18時くらいにはおなかをすかせて家にいたりします。中学生は一人で留守番はできますが、一人で晩御飯を食べさせるのは違うかなー、と思うと、結局どちらかが帰らざるを得ません。若手を早く帰らせるため、我々の仕事量は減ってないですし(笑)」

いずれのメールも、差出人は男性である。女性が書いたものと思っていた方も多いのではないだろうか。いちいち、男性だ、女性だ、とこだわるな、と言われそうだが、こういったことにいちいち立ち止まってみることも、「新しい当たり前」を作るためには必要だ。

これらのメールからもわかる通り、子育て世代の人たちの両立の課題はまだまだある。本書で紹介してきたように、仕事を持ち帰らざるを得ない人たちや、「夫婦がそれぞれ残業できる日を捻出する」といった人たちも多かった。定時で仕事が完結し、望むキャリアを形成できるようにはまだなっていない。私たちはこれからも、働く人たちの課題が少しでも解決するように、当事者の声を聞き、その本質を問うていきたい。

最後に、こうした私たちの思いを代弁したかのようなメールの紹介で、本書を締めくくる。

「働き方の多様性がもっと世間に受容されて、『子育て前だから気合を入れてキャリアを稼がなきゃ！』とか『子育て中だから工夫しなきゃ！』とかではなく、男女関係なく、その場その場の、等身大の幸せを享受できるといいですね」

最後まで読んでくださり、ありがとうございました。

２０２４年１月　本書が少しでも世の中のためになることを祈念して

公益財団法人21世紀職業財団　調査研究チーム　本道敦子　山谷真名　和田みゆき

公益財団法人 21 世紀職業財団　DEI 推進事業部　調査研究チーム
社会の変化に合わせて DEI 推進等の課題や展望を研究する調査を実施し、企業や社会へ提言を行っている。また、定点観測調査も実施。これらの知見を活かした企業調査、コンサルティングも行っている。
https://www.jiwe.or.jp

【これまでの調査研究】
女性正社員 50 代・60 代におけるキャリアと働き方に関する調査研究
「一般職」女性の意識とコース別雇用管理制度の課題に関する調査研究
若手女性社員の育成とマネジメントに関する調査研究　等

本道敦子（ほんどうあつこ）
21 世紀職業財団研究員。広告会社、調査会社で数多くの定性調査に携わる。現在は女性活躍を支援するフォーラム運営の他調査研究、企業調査等に従事。国家資格キャリアコンサルタント。

山谷真名（やまやまな）
21 世紀職業財団主任研究員。企業勤務・大学研究員等の経験を活かし、調査研究、企業調査等に従事。「子どものいるミレニアル世代夫婦がデュアルキャリアカップル志向を高める要因」等、学会での発表多数。

和田みゆき（わだみゆき）
21 世紀職業財団研究員。女性活躍の進んだ外資系企業での経験を活かし、女性管理職支援や地域の女性リーダーの発掘等の支援事業を手掛ける他、女性活躍を中心とした調査研究、企業調査等に従事。

〈共働《ともばたら》き・共育《ともそだ》て〉世代《せだい》の本音《ほんね》

新《あたら》しいキャリア観《かん》が社会《しゃかい》を変《か》える

2024年3月30日初版1刷発行

著　者 ── 本道敦子　山谷真名　和田みゆき

発行者 ── 三宅貴久

装　幀 ── アラン・チャン

印刷所 ── 堀内印刷

製本所 ── ナショナル製本

発行所 ── 株式会社光文社
東京都文京区音羽1-16-6(〒112-8011)
https://www.kobunsha.com/

電　話 ── 編集部03(5395)8289　書籍販売部03(5395)8116
業務部03(5395)8125

メール ── sinsyo@kobunsha.com

Printed in Japan　ISBN 978-4-334-10249-4

1270

まんが 押川先生、「抗がん剤は危ない」って本当ですか？

押川勝太郎
おちゃずけ

怖いのは、闘う相手の正体を知らないから――治療の不安、医師との関係、お金、患者会、食事、周囲の人の心得など様々な疑問に、YouTubeで活躍の腫瘍内科医がまんがで答えます。

978-4-334-10016-2

1271

結婚しても一人
自分の人生を生ききる

下重暁子

しょせん、夫婦は他人――。大事なことは「求めない」「期待しない」etc. 夫婦がストレスなく暮らしていくためのヒントとは。50年続いた結婚生活と87年の人生を振り返りながら綴る。

978-4-334-10017-9

1272

日本のコミュニケーションを診る
遠慮・建前・気疲れ社会

パントー・フランチェスコ

本音と建前、過剰な遠慮、「キャラ」の空疎な会話。『アニメ療法《セラピー》』著者のイタリア人精神科医が、日本社会の独特なコミュニケーションによって心身を害する危険性に警鐘を鳴らす。

978-4-334-10066-7

1273

新書100冊
視野を広げる読書

高橋昌一郎

いま、何を読んでおくべきなのか？ 今日のニュースの背景から、あの学問の最先端まで。多彩な分野のエッセンスを、この1冊に凝縮。「知」の足場を築くための珠玉のブックガイド。

978-4-334-10067-4

1274

恋愛結婚の終焉

牛窪恵

恋人は欲しくない？ 恋愛は面倒？――でも、結婚はしたい!? 改善されない未婚化と少子化の真の原因はどこにあるのか。昭和の常識から脱却し、「共創結婚」の重要性を検証・提案する。

978-4-334-10068-1

1275
朝、起きられない病
起立性調節障害と栄養の関係
今西康次
「だるさや頭痛、吐き気で起きられない」…中高生の1割が悩む起立性調節障害を栄養の観点から治療・改善させている医師が、発達に必要な栄養や周囲の対応について症例を交え解説。
978-4-334-10069-8

1276
人事変革ストーリー
個と組織「共進化」の時代
髙倉千春
個が活きる組織とは――。複数の外資企業や日本企業で戦略人事や人事制度改革に取り組んできた人事のプロフェッショナルが、これからの日本企業に求められる「新たな知恵」を示す。
978-4-334-10088-9

1277
愛とラブソングの哲学
源河亨
この世はなぜラブソングであふれている!? 共感できるから？ 愛が普遍的だから？ 生物学・脳科学・歴史学・社会学など様々な学問を駆使して、哲学研究者が問いの答えに迫る。
978-4-334-10089-6

1278
ワクチンを学び直す
岩田健太郎
効果、安全性、種類、活用法――最新の動きに加え、予防接種制度や海外のワクチンも含めたワクチン接種の全体像を、感染症の専門家が分かりやすく解説。今こそ、正しい知識を！
978-4-334-10090-2

1279
日本企業はなぜ「強み」を捨てるのか
増補改訂版『日本〝式〟経営の逆襲』
岩尾俊兵
「カネよりヒト」のスタイルこそ日本企業の強みだったが、自らその姿勢を手放してしまったのはなぜか。東大初の経営学博士号を取得した気鋭の経営学者が説く、日本経済復活への道。
978-4-334-10091-9

1280
新説 徳川家康
後半生の戦略と決断
野村玄

秀吉の没後、豊臣家と豊臣恩顧の大名たちからの制約の中で家康はどのように政治的な手腕を発揮し、幕府の礎を築いていったのか。一次史料から家康の真の偉大さに迫る。

978-4-334-10131-2

1281
発達障害児を育てるということ
柴田哲　柴田コウ

父は発達心理学を研究する大学教授。母は公認心理師。発達の専門家夫妻が軽度自閉症児の息子と送る日々を、保護者視点と研究者視点を行き来しながら綴った「学術的子育てエッセイ」。

978-4-334-10132-9

1282
教養としてのパンク・ロック
川﨑大助

「パンク」の語源は？　誰が「パンク・ロック」と名付けたのか？　なぜ髪を逆立てるのか？　なぜトゲトゲの付いた革ジャンを着るのか？　パンクの発想・哲学を名盤105枚とともに解説。

978-4-334-10153-4

1283
犯罪へ至る心理
エティエンヌ・ド・グレーフの思想と人生
梅澤礼

どのようにして人は犯罪に手を染めることになるのか。誰もが罪を犯しうるとしながら、それでも防ぐ方法を模索し続けた、20世紀ベルギーの精神科医・犯罪学者・作家の歩みを丁寧に辿る。

978-4-334-10134-3

1284
だからタイはおもしろい
暮らしてわかったタイ人の「素の顔」
髙田胤臣

経済格差、階級社会、利己主義……。微笑みの裏側には色々あっても、したたかに、サバーイ（気楽）に生きる。ともに暮らしてはじめてわかる、タイ社会とタイ人の本質とは。

978-4-334-10135-0

光文社新書

1285
毒母は連鎖する
子どもを「所有物扱い」する母親たち

旦木瑞穂

理不尽な仕打ち、教育虐待、ネグレクト……。子どもを自らの所有物のように扱い、負の影響を与える毒親。その中でもとりわけ母親から娘へと伝染する「毒」に8人の取材から迫る。

978-4-334-10169-5

1286
京大合格高校盛衰史
天才たちは「西」を目指した

小林哲夫

京大の「自負」と高校の「執念」。自由の校風と最先端研究を目指して繰り広げられた京大受験の歴史を、一九四九年以降の合格者数ランキングから徹底分析。東大ではダメなんだ！

978-4-334-10133-6

1287
台湾の本音
〝隣国〟を基礎から理解する

野嶋 剛

首都はどこ？ 親日である理由は？ 中国とはどういう関係？ 日本で関心が高まるわりに、実情はよく知られていない台湾。そんな〝隣国〟の姿を6つの問いから詳らかにする。

978-4-334-10170-1

1288
白内障の罠
一生「よく見る」ための予防と治療

深作秀春

後悔しないために…日常生活や栄養面での留意点、手術法の歴史や最新治療について、世界的眼科外科医が徹底解説&警告！ プロの画家でもある著者が「見るとは何か」から教えます。

978-4-334-10171-8

1289
ボロい東京

三浦展

錆、苔、扉、管、看板、郵便受け……。ボロいのに、いや、ボロいからこそ美しい。ありふれたようで失われつつあるボロい風景の数々を、十数年撮りためたスナップから厳選した写真集。

978-4-334-10172-5

1290
日本のクラシック音楽は歪んでいる
12の批判的考察
森本恭正

これまで日本で検証されてこなかった「真実」とは――。私たちは何を見逃し、聴き逃してきたのか。作曲家・指揮者が、二十年を超える思考の上に辿り着いて示す、西洋音楽の本質。

978-4-334-10196-1

1291
「生命の40億年」に何が起きたのか
生物・ゲノム・ヒトの謎を解く旅
林純一

40億年前に誕生し、姿形を変えながら現在まで連綿と命をつないできた生き物たち。その本質とは一体何なのか。常識を疑った先に広がる、ユニークな生き物たちの世界を描いた意欲作。

978-4-334-10197-8

1292
日本のヴァイオリニスト
弦楽器奏者の現在・過去・未来
本間ひろむ

日本におけるヴァイオリン受容史から、「歴史的名器」をめぐる逸話、新世代の弦楽器奏者まで、「楽器に選ばれし者」の物語。【日本のヴァイオリニスト・ディスコグラフィ30】付録付き。

978-4-334-10198-5

1293
在宅緩和ケア医が出会った
「最期は自宅で」30の逝き方
髙橋浩一

どこで、どのように過ごし、最期の時を迎えるか。希望をどう叶えるか。在宅緩和ケアに取り組んできた医師が紹介する、患者との出会いから看取《みと》りまでの数々のストーリーから学ぶ。

978-4-334-10199-2

1294
スカウト目線の現代サッカー事情
イングランドで見た「ダイヤの原石」の探し方
田丸雄己

育成の進歩、移籍競争の激化、データでの目利きなど、サッカー界の最前線で起きていることを英国で活動する若きスカウトが分析するとともに、謎に包まれたスカウトの仕事を語る。

978-4-334-10221-0

1300

〈共働き・共育て〉世代の本音
新しいキャリア観が社会を変える

本道敦子　山谷真名
和田みゆき

当事者インタビューで明らかになった、〈共働き・共育て〉を志向するミレニアル世代の本音、そして子育て中の男性の苦悩。当事者、そして企業が取るべき対策とは？【解説・佐藤博樹】

978-4-334-10249-4

1301

子ども若者抑圧社会・日本
社会を変える民主主義とは何か

室橋祐貴

変化の激しい時代に旧来の価値観で政治が行われ、閉塞感が漂う日本。先進諸国で若い政治リーダーが台頭している中、なぜ日本だけ変われないのか？若者が参加できる民主主義を示す。

978-4-334-10250-0

1302

子どものこころは大人と育つ
アタッチメント理論とメンタライジング

篠原郁子

ボウルビィが提唱したアタッチメント（愛着）は、子どもにとって重要なすべての大人との間に形成されうる。心で心を思う《メンタライジング》ことをベースに、アタッチメント理論をわかりやすく解説する。

978-4-334-10251-7

1303

頭上運搬を追って
失われゆく身体技法

三砂ちづる

今の日本では失われつつある身体技法「頭上運搬」。沖縄や伊豆諸島ほか日本各地や海外にその記憶と痕跡を訪ねる。生活や労働を支えた身体技法と、自らの身体への理解や意識を考察。

978-4-334-10252-4

1304

定点写真で見る　東京今昔

鷹野晃

江戸・明治・大正・昭和――。東京はいかに変貌したのか。東京を撮り続けて40年の写真家が、「定点写真」という手法を用いて破壊と創造の首都を徹底比較。写真４５１点収録！

978-4-334-10253-1